MOLIÈRE

Dom Juan
ou Le Festin de pierre

Comédie (1665)

Édition présentée et annotée
par Romain Lancrey-Javal
Professeur au Lycée Fénelon, à Paris

SOMMAIRE

Avant d'aborder l'œuvre

6   Fiche d'identité de l'auteur
8   Repères chronologiques
12   Fiche d'identité de l'œuvre
14   L'œuvre dans son siècle
20   Lire l'œuvre aujourd'hui

Dom Juan
MOLIÈRE

25   Acte I
45   Acte II
71   Acte III
94   Acte IV
117 Acte V

Pour approfondir

136 Genre, action, personnages
148 L'œuvre : origines et prolongements
160 L'œuvre et ses représentations
170 L'œuvre à l'examen
186 Outils de lecture
188 Bibliographie et filmographie

AVANT D'ABORDER L'ŒUVRE

Fiche d'identité de l'auteur

Molière

Nom : Jean-Baptiste Poquelin, dit Molière.

Naissance : 1622. Baptême le 15 janvier 1622 à l'église Saint-Eustache de Paris.

Famille : son père est "tapissier du roi" ; sa mère meurt alors qu'il a dix ans.

Formation : scolarité chez les jésuites à Paris, puis études de droit à Orléans.

Début de sa carrière : à partir de 1643, rencontre et association avec Madeleine Béjart (quittée plus tard pour sa jeune sœur, ou sa fille) ; abandon des traditions familiales ; engagement dans le théâtre comme auteur, directeur de troupe et comédien ; choix du pseudonyme de Molière en 1644 ; participation aux aventures de "l'Illustre-Théâtre" ; vie itinérante et souvent difficile pendant quinze ans.

Premiers succès : arrivée à la cour en 1658 et premier grand succès public avec *Les Précieuses ridicules*, en 1659. Triomphe de *L'École des femmes* en 1662, première grande comédie de Molière en cinq actes et en vers. Mais premières critiques violentes aussi : défense de Molière dans *La Critique de "L'École des femmes"* et *L'Impromptu de Versailles* en 1663.

Tournant de sa carrière : *Le Tartuffe* (1664), pièce rapidement interdite de représentation. Remplacement par *Dom Juan* (1665), jugé également dangereux et tombant, malgré son succès, après quinze représentations. Dernière grande comédie sombre et audacieuse : *Le Misanthrope* (1666).

Dernière partie de sa carrière : obtention du statut officiel de "Troupe du roi", installation au théâtre du Palais-Royal, choix de divertissements plus gais ("comédies-ballets"), retour à une veine plus légère, proche de la farce : *Le Médecin malgré lui* (1666), *Amphitryon*, *George Dandin* et *L'Avare* (1668), *Le Bourgeois gentilhomme* (1670), *Les Fourberies de Scapin* (1671), *Les Femmes savantes* (1672), *Le Malade imaginaire* (1673).

Mort : le 17 février 1673. Enterrement clandestin, de nuit, le 21 février 1673.

Portrait de Molière, par Jean-Baptiste Mauzaisse, 1841.

Repères chronologiques

Vie et œuvre de Molière	Événements politiques et culturels
1622 Naissance à Paris.	**1622** Depuis quatre ans, guerre de Trente Ans (implication de la France et de Richelieu dans les conflits religieux et politiques en Allemagne).
1631 Achat, par son père, de la charge de tapissier du roi.	
1632 Mort de sa mère.	**1637-1642** Premières tragédies de Corneille.
1632-1642 Scolarité chez les Jésuites. Études de droit à Orléans.	**1637** *Le Cid* de Corneille. *Le Discours de la méthode* de Descartes.
1643 Fondation de l'Illustre-Théâtre. Association avec Madeleine Béjart.	**1642** Mort de Richelieu.
1643-1653 Vie instable de la troupe.	**1643** Mort de Louis XIII. Début de la régence de la reine Anne d'Autriche. Ministère de Mazarin.
1645 Emprisonnement provisoire de Molière pour dettes ; fin de l'Illustre-Théâtre.	**1647** Début de la Fronde.
1646-1653 Théâtre ambulant.	**1648** Paix de Westphalie. Fin de la guerre de Trente Ans.
1653-1654 Protection donnée, à Lyon, par le prince de Conti.	**1653-1654** Condamnation du jansénisme. Fouquet superintendant des Finances.
1654 Interprétation de *L'Étourdi*.	**1654** Sacre de Louis XIV, très jeune roi.
1656 Autre farce, *Le Dépit amoureux*.	**1656** Publication des *Provinciales* de Pascal.
1657 Fin de la protection du prince de Conti.	
1658-1659 Arrivée à Paris. Installation dans la salle du Petit-Bourbon. Succès des *Précieuses ridicules*.	**1658-1659** Paix des Pyrénées (fin de la guerre entre la France et l'Espagne).

Repères chronologiques

Vie et œuvre de Molière	Événements politiques et culturels
1660 *Sganarelle ou Le Cocu imaginaire* (farce). Installation, grâce au roi, dans la salle du Palais-Royal. **1661-1662** **Mariage avec Armande Béjart. Triomphe de *L'École des femmes*. *Les Fâcheux*.** **1663-1664** *Critique de « L'École des femmes »*, *L'Impromptu de Versailles*, *Le Mariage forcé*, *La Princesse d'Élide*, *Le Tartuffe* (début de la querelle, pièce interdite). **1665-1666** *Dom Juan*, puis *Le Misanthrope*. **1666** **Obtention du statut de « Troupe du roi ». *Le Médecin malgré lui*.** **1667** *Le Tartuffe* joué et de nouveau interdit. **1668** *Amphitryon, George Dandin, L'Avare.* **1669** *Monsieur de Pourceaugnac. Le Tartuffe* enfin autorisé. **1670** *Les Amants magnifiques. Le Bourgeois gentilhomme.* **1671-1672** *Psyché, Les Fourberies de Scapin. La Comtesse d'Escarbagnas, Les Femmes savantes.* **1673** *Le Malade imaginaire.* Mort de Molière. Enterrement de nuit.	**1660** Mariage de Louis XIV avec Marie-Thérèse. **1661-1662** **Mort de Mazarin. Prise du pouvoir par Louis XIV. Colbert ministre.** **1663-1664** Procès de Fouquet. *Maximes* de La Rochefoucauld. **1665-1666** Mort d'Anne d'Autriche, mère du roi. **1667** *Andromaque* de Racine. **1668** *Fables* de La Fontaine (premiers livres). Paix d'Aix-la-Chapelle (réglant les questions de succession en Autriche). **1671-1672** Guerre franco-hollandaise. *Bajazet* de Racine. **1673** *Mithridate* de Racine. Coalition européenne contre Louis XIV. Fin de règne marquée par les guerres, les problèmes économiques, le durcissement de la politique religieuse (1685 : révocation de l'édit de Nantes).

Affiche de théâtre pour le tricentenaire
de la naissance de Molière,
à la Comédie-Française, en 1922.

Louis XIV et Molière déjeunant à Versailles.
Peinture à l'huile de Dominique Ingres.

Fiche d'identité de l'œuvre

Dom Juan

Genre :
théâtre, "comédie", peu
conforme aux règles.

Auteur :
Molière, en 1665.

Objets d'étude :
comique et comédie ;
le théâtre, texte
et représentation ;
les réécritures.

Registres :
comique et pathétique.

Structure :
cinq actes.

Forme : dialogue
en prose.

**Principaux
personnages :** Dom Juan,
Sganarelle, Done Elvire,
Dom Louis, Dom Carlos,
la Statue du Commandeur.

Sujet : les cinq actes montrent la course vers la
mort d'un séducteur, Dom Juan, escorté de son valet
et sans cesse poursuivi (dans un lieu différent
à chaque acte). Le héros reçoit des avertissements
de plus en plus nets. Présenté par son valet et
par lui-même, il assiste au retour de son épouse
délaissée, Done Elvire, qui l'admoneste (acte I).
Il séduit des paysannes mais il doit fuir (acte II).
Il montre son impiété à son valet et à un pauvre qui
lui résiste ; il s'engage dans un combat, aux côtés
de son adversaire, Dom Carlos, frère d'Elvire ;
il est démasqué et reçoit le signe surnaturel d'une
Statue de pierre (acte III). Dom Juan accueille chez
lui des personnages qui lui rappellent les fautes
de son passé : son créancier, son père (Dom Louis),
son épouse (Elvire), la Statue (acte IV). Il tente
de faire l'hypocrite, mais il est rattrapé par
le destin, un spectre (une femme voilée), et par
la Statue du Commandeur, qui l'entraîne dans la mort
(acte V).

Représentations de la pièce : jouée avec succès en
1665, la pièce disparaît pourtant de l'affiche à
la suite de violentes critiques sur son "impiété".
Elle n'est reprise qu'au XIXᵉ siècle, et connaît
surtout un immense succès depuis le XXᵉ siècle,
avec l'interprétation de Louis Jouvet en 1947.

Dom Juan et la Statue du Commandeur.
Peinture à l'huile, de Fragonard, 1830.

L'œuvre dans son siècle

Molière, auteur comique reconnu à la cour en 1665

En 1665, MOLIÈRE interprétait lui-même, devant la cour, dans *Dom Juan*, le personnage de Sganarelle. Ce personnage comique a largement forgé son succès. Le roi Louis XIV, qui exerce un pouvoir absolu, en France, à partir des années 1660, a encouragé Molière à faire rire la cour. C'est une des raisons pour lesquelles Molière a inventé, dans son œuvre, ce personnage omniprésent de valet comique. On le trouve dans bon nombre de ses premières pièces, proches de la farce et souvent jugées mineures : *Sganarelle ou Le Cocu imaginaire* (1660), *L'École des maris* (1661), *Le Mariage forcé* (1664), *L'Amour médecin* (1665), *Le Médecin malgré lui* (1666).

Sganarelle est donc attendu chez Molière. Mais Dom Juan, son maître, ne l'est pas. Molière va chercher ce personnage dans toute une tradition, qui a fait ses preuves en Europe.

Don Juan, personnage à succès au XVIIe siècle

Le moine espagnol TIRSO DE MOLINA propose la première version connue du personnage de Don Juan dans *L'Abuseur de Séville et l'Invité de pierre* en 1625. Les Italiens s'emparent de cette figure de séducteur puni, avec notamment *L'Invité de pierre* de Cicognini vers 1650. C'est au tour des Français et des troupes rivales de Molière de traiter ce thème à la mode ; *Le Festin de pierre ou Le Fils criminel* de Dorimond en 1658, *Le Festin de Pierre ou Le Fils criminel* de Villiers en 1661 – tragi-comédie interprétée par la troupe célèbre de l'Hôtel de Bourgogne.

Molière hérite d'un personnage qui a déjà les faveurs des spectatrices et du théâtre. Il hérite aussi des flottements d'une tradition naissante.

Pourquoi ce titre *Dom Juan ou Le Festin de pierre* choisi par le dramaturge ? Un titre doublement étonnant, voire fautif.

L'œuvre dans son siècle

L'orthographe « Dom » dans *Dom Juan* s'explique par l'étymologie latine du mot, *dominus*, maître – il signale plutôt, en général, une vocation religieuse. C'est « Don » – pensons à Don Quichotte – qui indiquerait la noblesse. Gardons néanmoins ce *Dom Juan* avec un « m », première marque de singularité de Molière. Il est dans le titre ; il serait aberrant qu'il ne soit pas dans la pièce sous cette forme.

ET QUE DIRE de ce « festin de pierre » qui ne semble guère comestible et qui demeure obscur ? Irrégularité de plus au passif de Dom Juan, sans doute due à une erreur de traduction – à moins qu'on n'ait rebaptisé Pierre l'invité mystérieux. C'est ainsi, en tout cas, qu'on a traduit l'espagnol *convidado* ou l'italien *convitato*, qui signifient « invité » et non « festin ». Cependant, y a bien un « invité de pierre » dans la pièce : c'est la Statue du Commandeur.

À L'ORIGINE de *Dom Juan* se trouvent une série d'approximations, de méprises, voire de contresens. C'est dans la logique d'un héros à rebours de tous les usages, à contresens lui-même. Sur un personnage qui refuse les règles, Molière n'a pas hésité à faire une comédie qui s'écarte elle aussi des règles.

Molière et les hors-la-loi

LES DIFFÉRENCES entre tragédie et comédie ne sont pas, au XVIIe siècle, si tranchées qu'il n'y paraît. Le genre mixte de la tragi-comédie a déclenché une série de querelles, notamment sur les unités de temps, de lieu, d'action – aucune n'étant respectée dans *Dom Juan*. Molière, s'il connaît le succès avec ses comédies, a d'abord interprété devant la cour le genre noble de la tragédie – *Nicomède* de Corneille. C'est la condition des personnages qui permet de distinguer les genres. Par opposition aux personnages élevés de la tragédie (rois, reines, princes), la comédie met en scène, selon la définition du philosophe grec Aristote, « des personnages de qualité morale inférieure ». Ces personnages peuvent être des nobles « dégradés » : petits marquis dans *Le Misanthrope*, « grand seigneur méchant homme » dans *Dom Juan*. Si Molière a la protection du roi pour faire la critique prudente d'une caste qui gravite à la cour, c'est parce que Louis XIV exerce désormais une autorité sans partage sur ces seigneurs. Ils avaient voulu s'émanciper du pouvoir royal lors de la Fronde, de 1648 à 1652 – et Louis XIV, enfant, avait dû fuir. Souverain absolu, le roi n'a de cesse de rappeler ces seigneurs à leur nécessaire obéissance, à partir des années 1660. Il faut être un courtisan... ou s'exposer à la disgrâce.

DOM JUAN est une pièce sur un noble qui manque à tous ses devoirs, comme le lui rappelle son père à l'acte IV. Il déshonore par là sa famille et la caste à laquelle il appartient. Il ne fait sa cour... qu'aux femmes et ne respecte aucun de ses engagements. Comme tout aristocrate, il en impose au peuple, à son valet (pendant toute la pièce), aux paysans (à l'acte II), aux bourgeois (créancier de l'acte IV). Il peut même se jouer de ses pairs, vraisemblablement de plus petite noblesse que lui (Done Elvire et ses frères). Mais, ne respectant ni le mariage, ni son milieu, ni aucune institution, il court à sa perte. Un rebelle est châtié au XVIIᵉ siècle (ce n'est que deux siècles plus tard qu'on valorisera ouvertement la révolte). *Dom Juan* montre la punition d'un hors-la-loi, rattrapé par son passé. Comme le dit Sganarelle dans sa dernière réplique, justice est faite. C'est une autre justice, la justice royale, qui était venue rétablir l'ordre à la fin du *Tartuffe*.

Molière, entre les libertins et les dévots

EN CHÂTIANT UN VICE, *Dom Juan* fait bien naître le rire – celui que suscite le valet Sganarelle, double comique du héros. Ce n'est pas de montrer un noble corrompu et corrupteur qui paraît dangereux en 1665, c'est de toucher, de nouveau, à travers ce thème, à la question religieuse dans la comédie.

L'œuvre dans son siècle

Molière sort d'une « querelle » qui lui a valu l'arrêt du *Tartuffe* en 1664. Il lui faut vite écrire une pièce qui lui permette de faire son métier d'homme de théâtre, de faire vivre sa troupe, de retrouver la faveur du roi et du public. Il choisit une intrigue connue, qui a eu un grand retentissement en Espagne, en Italie, en France – et dont l'action (prudence supplémentaire) est située en Sicile. Il écrit une grande comédie en cinq actes mais en prose – on ne sait si c'est pour retrouver l'écriture spontanée de ses premières pièces brèves ou en raison de l'urgence. Au héros qui vit dans l'instant doit correspondre une pièce fulgurante, susceptible de convenir aux « honnêtes gens », de plaire en utilisant toutes les ressources d'un grand spectacle (les « machines », une statue qui bouge et qui parle), et de faire rire tout en montrant le châtiment exemplaire d'un vice.

Mais la conformité de la pièce aux principes religieux et moraux du XVIIe siècle ne fait pas l'unanimité. Et c'est là toute son ambiguïté. Dom Juan est un libertin – mais le terme n'est pas si négatif. Molière a fréquenté les libertins dans sa jeunesse, ceux qui se fondent sur leur seule raison, mettent en doute l'existence de Dieu (disciples de Gassendi), et apparaissent comme des penseurs brillants et libres. L'autre sens de libertin, celui de jouisseur scandaleux, n'est que d'ordre secondaire et parfois caricatural. Dom Juan, dans la pièce, n'est pas seulement un séducteur, c'est aussi un orateur séduisant et c'est le seul personnage central de Molière qui ne soit jamais ridicule ; en revanche, Sganarelle, son valet, défenseur de la religion, lui, prête à rire. Des scènes, jugées équivoques, ne sont pas pardonnées à Molière. Celle du pauvre – représentant de Dieu sur terre, et invité à blasphémer – est entièrement supprimée dès la deuxième représentation, ainsi que nombre de répliques, signalées ici par des crochets.

Le texte n'est pas publié du vivant de Molière et ne le sera qu'en 1683, dans une édition d'Amsterdam. En 1665, la cabale des dévots est inspirée par la « Compagnie du Saint-Sacrement ».

L'œuvre dans son siècle

C'est une sorte de société secrète, qui a l'oreille de la reine Anne d'Autriche et qui entend surveiller les mœurs. Elle a ses partisans à la cour et, après avoir obtenu l'interdiction du *Tartuffe*, elle ne désarme pas. Molière, attaqué sur son impiété, ne peut continuer à donner son *Dom Juan*, malgré l'accueil favorable du public et de la cour. C'est un nouvel épisode de la bataille du *Tartuffe*. Il ne suffit pas que *Dom Juan* soit puni ; il faut, de nouveau, que Molière le soit aussi. C'est la rançon de son succès et de ses audaces depuis le triomphe de *L'École des femmes* en 1662. Son théâtre est sans cesse soupçonné d'offenser les bonnes mœurs, et désormais la religion. Molière est sommé de ne plus aborder la question religieuse dans son œuvre. Il ne l'abordera plus. La pièce suivante, bien amère, *Le Misanthrope*, propose encore une réflexion forte sur la séduction, la vérité, le mensonge, l'hypocrisie des hommes, mais ne traite plus, en apparence du moins, que des obligations de la sociabilité, de la politesse et de la morale.

Molière et les figures du théâtre

Molière s'est toujours défendu, après *L'École des femmes* et dans sa préface au *Tartuffe*, de s'être moqué des valeurs sacrées – et n'a jamais cessé d'affirmer, au contraire, qu'il les a défendues dans la comédie. Mais le fait est qu'il montre un héros qui se joue de ces valeurs. Au dernier acte, Dom Juan, comme Tartuffe, est une figure de l'« hypocrite », étymologiquement le « comédien », celui qui ne cesse de jouer un rôle. Le héros est un virtuose de la parole, ce qui se traduit, en particulier, dans le goût de l'éloge paradoxal, dans l'art de faire l'apologie de ce qui est mal vu d'ordinaire –, de l'infidélité conquérante au premier acte à l'hypocrisie nécessaire au dernier acte. D'entrée de jeu, Sganarelle, fasciné, essaie maladroitement d'imiter l'éloquence de son maître en prenant la défense... du tabac. En cultivant son goût de la singularité, de la parole et de la contradiction, Dom Juan incarne peut-être moins la défaite du vice que la victoire du théâtre (autre contradicteur singu-

L'œuvre dans son siècle

lier, Alceste, dans la pièce suivante *Le Misanthrope*, est puni au contraire pour avoir été excessivement honnête, de façon intransigeante, pour n'avoir pas su jouer le jeu...).

DOM JUAN est un joueur – celui qui parie contre le Ciel, pour les plaisirs de la terre. Il fait partie de ces libertins à qui Pascal, dans ses *Pensées*, entend montrer qu'ils ont fait le mauvais pari, qu'ils ne peuvent que tout perdre. Le sujet est important. Mais la pièce disparaît vite de l'affiche. Humiliation posthume : cette pièce est remplacée par une version affadie, une transcription en vers réalisée par Thomas Corneille en 1677 pour la Comédie-Française.

L'ÉCHEC DU HÉROS, puis celui de son auteur sont restés provisoires : la pièce et son personnage seront réhabilités. Dom Juan meurt foudroyé au XVIIe siècle ; la pièce aussi, après quinze représentations. Mais depuis le milieu du XXe siècle, la comédie et son héros sont revenus plus vivants que jamais sur la scène du théâtre.

Lire l'œuvre aujourd'hui

Bien des signes attestent à présent la vitalité du *Dom Juan* de Molière. Depuis son interprétation, au théâtre de l'Athénée, par Louis Jouvet, en 1947, la pièce ne cesse d'être portée à la scène et à l'écran. Le nom propre est même devenu, dans une orthographe modernisée, un nom commun – une « antonomase » –, tant le personnage est apparu comme exemplaire. Pour désigner le goût effréné de la séduction, on parle d'une attitude de « don Juan », de « donjuanisme ». Selon Étienne Barilier, quelques mots résument la question : « Fou de vivre et vaincu d'avance. Un héros de notre temps. »

Le désir et la liberté

Le désir insatiable de Dom Juan soulève tous les problèmes de la liberté individuelle et de ses limites. Quelles bornes poser à nos envies ? Molière ne nous donne pas Dom Juan comme modèle : le libertin, irrespectueux d'autrui, enchaîné à son propre désir, fait un mauvais usage de la liberté, comme Tartuffe de la piété, comme Alceste, le misanthrope, de la sincérité. Mais Molière est victime d'autres excès et d'autres abus, de la part de ceux qui veulent censurer son théâtre, porter atteinte à sa liberté d'auteur. Molière récuse tous les fanatismes, les fanatismes d'une obsession, la conquête des femmes (résidu de conquête pour une aristocratie qui a renoncé à la gloire militaire), comme les fanatismes d'une religion – l'extrémisme des dévots, les intégristes de son temps. Dom Juan est odieux mais les bien-pensants qui le condamnent sont également dangereux. Ni libertin ni censeur, Molière, en « classique », en « honnête homme », nous propose un idéal de mesure ou de « juste milieu », et du sourire.

Ce qui est permis et ce qui est défendu

Être tolérant, ce n'est pas tout admettre comme indifférent. Or le libertin adopte cette indifférence. Il revendique l'assouvissement de tous ses désirs ; mais il est d'abord celui qui réclame le libre exercice de sa pensée, le refus de toute croyance qui ne soit pas fondée en raison. Dom Juan ne reconnaît que « deux et deux sont quatre ». Dom Juan foule aux pieds tous les interdits : il a tué un homme en duel, il n'honore ni ses dettes ni sa parole, il défie son père, il se joue des femmes, du mariage, de la famille. Ni Dieu ni maître... On peut voir en lui un personnage annonciateur du mouvement anarchiste du refus de toute loi. Il a pu apparaître comme une figure du Mal, un précurseur de la révolte – le romantisme voit en lui un rebelle. Les grandes mises en scène, à partir de celle de Louis Jouvet, nous montrent un héros qui défie la loi de Dieu et des hommes. Qu'est-il dès lors encore possible de respecter ?

Le théâtre et la parole

Dom Juan, figure de l'ambiguïté, est aussi, comme Tartuffe, une figure de la comédie, de l'artiste sur une scène de théâtre – d'où toutes ses mises en scène modernes : il s'agit pour lui de « bien parler », selon les modèles de la conversation agréable ou de l'éloquence brillante. Le bon comédien parle non pour éprouver lui-même ce qu'il dit mais pour produire des effets sur les destinataires, les séduire. Le public ne s'y trompe pas pour autant et sait que ce qui est représenté sur scène relève de la fiction théâtrale : en ce sens, il ne sera jamais dupe de Dom Juan, pas plus que de Tartuffe. Ces grandes comédies nous aident encore à ouvrir les yeux, à n'être pas dupes des mystifications, à les percevoir sans tomber dans leurs pièges. De crainte d'être eux-mêmes percés à jour, les censeurs de Molière ont refusé cette mise en scène salutaire. On peut y voir une fable sur le devenir moderne, le plus redoutable, de la parole en société. Les aventures du *Tartuffe* puis celles de *Dom Juan* témoignent des deux dangers opposés que nous courons encore aujourd'hui : la manipulation par le langage et... l'interdiction du langage.

LE FESTIN DE PIERRE

Le Festin de pierre.

MOLIÈRE

DOM JUAN ou Le Festin de pierre

Comédie

Comédie représentée
pour la première fois
le 15 février 1665
sur le théâtre de la salle
du Palais-Royal
par la Troupe de Monsieur,
frère unique du Roi.

PERSONNAGES

DOM JUAN	*fils de Dom Louis.*
SGANARELLE	*valet de Dom Juan.*
ELVIRE	*femme de Dom Juan.*
GUSMAN	*écuyer d'Elvire.*
DOM CARLOS, DOM ALONSE	*frères d'Elvire.*
DOM LOUIS	*père de Dom Juan.*
FRANCISQUE	*pauvre.*
CHARLOTTE, MATHURINE	*paysannes.*
PIERROT	*paysan.*
LA STATUE DU COMMANDEUR.	
LA VIOLETTE, RAGOTIN	*laquais de Dom Juan.*
M. DIMANCHE	*marchand.*
LA RAMÉE	*spadassin.*
SUITE de Dom Juan.	
SUITE de Dom Carlos et de Dom Alonse, frères.	
UN SPECTRE.	

La scène est en Sicile.

ACTE I

Scène 1 SGANARELLE, GUSMAN

SGANARELLE, *tenant une tabatière*. Quoi que puisse dire Aristote[1] et toute la Philosophie, il n'est rien d'égal au tabac : c'est la passion des honnêtes gens, et qui vit sans tabac n'est pas digne de vivre. Non seulement il réjouit et purge les cerveaux humains, mais encore il instruit les âmes à la vertu, et l'on apprend avec lui à devenir honnête homme. Ne voyez-vous pas bien, dès qu'on en prend, de quelle manière obligeante on en use[2] avec tout le monde, et comme on est ravi d'en donner à droit et à gauche, partout où l'on se trouve ? On n'attend pas même qu'on en demande, et l'on court au-devant du souhait des gens : tant il est vrai que le tabac inspire des sentiments d'honneur et de vertu à tous ceux qui en prennent. Mais c'est assez de cette matière. Reprenons un peu notre discours. Si bien donc, cher Gusman, que Done Elvire, ta maîtresse, surprise de notre départ, s'est mise en campagne après nous, et son cœur, que mon maître a su toucher trop fortement, n'a pu vivre, dis-tu, sans le venir chercher ici. Veux-tu qu'entre nous je te dise ma pensée ? J'ai peur qu'elle ne soit mal payée de son amour, que son voyage en cette ville produise peu de fruit, et que vous eussiez autant gagné à ne bouger de là.

GUSMAN. Et la raison encore ? Dis-moi, je te prie, Sganarelle, qui[3] peut t'inspirer une peur d'un si mauvais augure ? Ton maître t'a-t-il ouvert son cœur là-dessus, et t'a-t-il dit qu'il eût pour nous quelque froideur qui l'ait obligé à partir ?

---

1. **Aristote** : Philosophe grec (Ve siècle avant Jésus-Christ), qui représente ici une autorité anachronique (le tabac, interdit au XVIIe siècle, notamment par l'Église, n'existait pas dans l'Antiquité).
2. **On en use** : on se conduit.
3. **Qui** : ce qui.

SGANARELLE. Non pas ; mais, à vue de pays[4], je connais
à peu près le train des choses ; et sans qu'il m'ait encore
30 rien dit, je gagerais presque que l'affaire va là[5]. Je pourrais
peut-être me tromper ; mais enfin, sur de tels sujets,
l'expérience m'a pu donner quelques lumières.

GUSMAN. Quoi ? ce départ si peu prévu serait une infidélité de Dom Juan ? Il pourrait faire cette injure aux
35 chastes feux de Done Elvire ?

SGANARELLE. Non, c'est qu'il est jeune encore, et qu'il
n'a pas le courage…

GUSMAN. Un homme de sa qualité[6] ferait une action si
lâche ?

40 SGANARELLE. Eh oui, sa qualité ! La raison en est belle,
et c'est par là qu'il s'empêcherait des choses[7].

GUSMAN. Mais les saints nœuds du mariage le tiennent
engagé.

SGANARELLE. Eh ! mon pauvre Gusman, mon ami, tu ne
45 sais pas encore, crois-moi, quel homme est Dom Juan.

GUSMAN. Je ne sais pas, de vrai, quel homme il peut être,
s'il faut qu'il nous ait fait[8] cette perfidie ; et je ne comprends point comme après tant d'amour et tant d'impa-
tience témoignée, tant d'hommages pressants, de vœux,
50 de soupirs et de larmes, tant de lettres passionnées, de
protestations[9] ardentes et de serments réitérés, tant de
transports[10] enfin et tant d'emportements qu'il a fait paraître,
jusqu'à forcer, dans sa passion, l'obstacle sacré d'un couvent, pour mettre Done Elvire en sa puissance, je ne com-

---

4. **À vue de pays** : à première vue.
5. **Va là** : tend à cela.
6. **Sa qualité** : sa noblesse.
7. **C'est par là qu'il s'empêcherait des choses** : c'est pour cette raison
   qu'il se contraindrait (à ne pas faire ce qu'il veut).
8. **S'il faut qu'il nous ait fait** : s'il est vrai qu'il nous a fait.
9. **De protestations** : de déclarations.
10. **Transports** : manifestations passionnées.

prends pas, dis-je, comme, après tout cela, il aurait le ⁵⁵
cœur de pouvoir manquer à sa parole.

SGANARELLE. Je n'ai pas grande peine à le comprendre,
moi ; et si tu connaissais le pèlerin[11], tu trouverais la
chose assez facile pour lui. Je ne dis pas qu'il ait changé
de sentiments pour Done Elvire, je n'en ai point de cer- ⁶⁰
titude encore : tu sais que, par son ordre, je partis avant
lui, et depuis son arrivée il ne m'a point entretenu ; mais,
par précaution, je t'apprends, *inter nos*[12], que tu vois en
Dom Juan, mon maître, le plus grand scélérat que la terre
ait jamais porté, un enragé, un chien, un diable, un Turc, ⁶⁵
un hérétique, qui ne croit ni Ciel, [ni saint, ni Dieu], ni
loup-garou[13], qui passe cette vie en véritable bête brute,
en pourceau d'Épicure[14], en vrai Sardanapale[15], qui ferme
l'oreille à toutes les remontrances [chrétiennes] qu'on lui
peut faire, et traite de billevesées[16] tout ce que nous ⁷⁰
croyons. Tu me dis qu'il a épousé ta maîtresse : crois qu'il
aurait plus fait pour sa passion, et qu'avec elle il aurait
encore épousé toi, son chien et son chat. Un mariage ne
lui coûte rien à contracter ; il ne se sert point d'autres
pièges pour attraper les belles, et c'est un épouseur à ⁷⁵
toutes mains[17]. Dame, damoiselle[18], bourgeoise, paysanne,
il ne trouve rien de trop chaud ni de trop froid pour lui ;

---

11. **Le pèlerin :** « On dit ironiquement : voilà un étrange pèlerin, pour
    dire c'est un rusé, un matois » (Dictionnaire universel de Furetière).

12. ***Inter nos :*** entre nous, dans un latin pédant.

13. **Loup-garou :** « Se dit figurément d'un homme bourru et fantasque,
    qui vit seul et éloigné de toute compagnie » (Furetière).

14. **Pourceau d'Épicure :** appellation du poète latin Horace (Ier siècle
    av. J.-C.), qui signifie « débauché », « jouisseur », en caricaturant les
    disciples d'Épicure, philosophe du plaisir (IVe-IIIe siècle av. J.-C.).

15. **Sardanapale :** nom d'un roi légendaire d'Assyrie, symbolisant la
    corruption.

16. **Billevesées :** sottises.

17. **À toutes mains :** prêt à tous les usages (en parlant d'habitude d'un
    cheval).

18. **Dame, damoiselle :** femme et fille nobles.

et si je te disais le nom de toutes celles qu'il a épousées en divers lieux, ce serait un chapitre à durer jusques au
80 soir. Tu demeures surpris et changes de couleur à ce discours ; ce n'est là qu'une ébauche du personnage, et pour en achever le portrait, il faudrait bien d'autres coups de pinceau. Suffit qu'il faut que le courroux du Ciel l'accable quelque jour ; qu'il me vaudrait bien mieux d'être au
85 diable que d'être à lui, et qu'il me fait voir tant d'horreurs, que je souhaiterais qu'il fût déjà je ne sais où. Mais un grand seigneur méchant homme est une terrible chose ; il faut que je lui sois fidèle, en dépit que j'en aie[19] : la crainte en moi fait l'office du zèle, bride mes sentiments,
90 et me réduit d'applaudir[20] bien souvent à ce que mon âme déteste. Le voilà qui vient se promener dans ce palais : séparons-nous. Écoute au moins : je t'ai fait cette confidence avec franchise, et cela m'est sorti un peu bien vite de la bouche ; mais s'il fallait qu'il en vînt quelque chose
95 à ses oreilles, je dirais hautement que tu aurais menti.

---

19. **En dépit que j'en aie :** contre mon gré.
20. **Me réduit d'applaudir :** me contraint à approuver.

Scène 2 — DOM JUAN, SGANARELLE

DOM JUAN. Quel homme te parlait là ? Il a bien de l'air, ce me semble, du bon Gusman de Done Elvire.

SGANARELLE. C'est quelque chose aussi à peu près de cela[1].

DOM JUAN. Quoi ? c'est lui ?

SGANARELLE. Lui-même. 5

DOM JUAN. Et depuis quand est-il en cette ville ?

SGANARELLE. D'hier au soir.

DOM JUAN. Et quel sujet l'amène ?

SGANARELLE. Je crois que vous jugez assez ce qui le peut inquiéter. 10

DOM JUAN. Notre départ sans doute ?

SGANARELLE. Le bonhomme en est tout mortifié[2], et m'en demandait le sujet.

DOM JUAN. Et quelle réponse as-tu faite ?

SGANARELLE. Que vous ne m'en aviez rien dit. 15

DOM JUAN. Mais encore, quelle est ta pensée là-dessus ? Que t'imagines-tu de cette affaire ?

SGANARELLE. Moi, je crois, sans vous faire tort, que vous avez quelque nouvel amour en tête.

DOM JUAN. Tu le crois ? 20

SGANARELLE. Oui.

DOM JUAN. Ma foi ! tu ne te trompes pas, et je dois t'avouer qu'un autre objet[3] a chassé Elvire de ma pensée.

SGANARELLE. Eh mon Dieu ! je sais mon Dom Juan sur le bout du doigt, et connais votre cœur pour le plus grand 25

---

1. **C'est quelque chose aussi à peu près de cela** : c'est à peu près cela.
2. **Mortifié** : attristé.
3. **Un autre objet** : un autre objet d'amour. Objet « se dit poétiquement des belles personnes qui donnent de l'amour » (Furetière).

coureur du monde : il se plaît à se promener de liens en liens, et n'aime guère à demeurer en place.

DOM JUAN. Et ne trouves-tu pas, dis-moi, que j'ai raison d'en user de la sorte ?

30 **SGANARELLE.** Eh ! Monsieur.

DOM JUAN. Quoi ? Parle.

SGANARELLE. Assurément que vous avez raison, si vous le voulez ; on ne peut pas aller là contre. Mais si vous ne le vouliez pas, ce serait peut-être une autre affaire.

35 **DOM JUAN.** Eh bien ! je te donne la liberté de parler et de me dire tes sentiments.

SGANARELLE. En ce cas, Monsieur, je vous dirai franchement que je n'approuve point votre méthode, et que je trouve fort vilain d'aimer de tous côtés comme vous 40 faites.

DOM JUAN. Quoi ? tu veux qu'on se lie à demeurer au premier objet qui nous prend, qu'on renonce au monde pour lui, et qu'on n'ait plus d'yeux pour personne ? La belle chose de vouloir se piquer d'un faux honneur 45 d'être fidèle, de s'ensevelir pour toujours dans une passion, et d'être mort dès sa jeunesse à toutes les autres beautés qui nous peuvent frapper les yeux ! Non, non : la constance n'est bonne que pour des ridicules[4] ; toutes les belles ont droit de nous charmer[5], et l'avantage 50 d'être rencontrée la première ne doit point dérober aux autres les justes prétentions qu'elles ont toutes sur nos cœurs. Pour moi, la beauté me ravit partout où je la trouve, et je cède facilement à cette douce violence dont elle nous entraîne. J'ai beau être engagé[6], l'amour que 55 j'ai pour une belle n'engage point mon âme à faire injustice aux autres ; je conserve des yeux pour voir le

---

4. **Des ridicules :** des personnes ridicules.
5. **Charmer :** ensorceler (sens latin du mot).
6. **Engagé :** lié par une promesse (à la fois obligé et marié, jeu de mots ici).

mérite de toutes, et rends à chacune les hommages et les tributs où la nature nous oblige[7]. Quoi qu'il en soit, je ne puis refuser mon cœur à tout ce que je vois d'aimable ; et dès qu'un beau visage me le demande, si j'en avais dix mille, je les donnerais tous. Les incli- 60 nations naissantes, après tout, ont des charmes inexpli- cables, et tout le plaisir de l'amour est dans le changement. On goûte une douceur extrême à réduire[8], par cent hommages, le cœur d'une jeune beauté, à voir de jour 65 en jour les petits progrès qu'on y fait, à combattre par des transports, par des larmes et des soupirs, l'innocente pudeur d'une âme qui a peine à rendre les armes, à forcer pied à pied toutes les petites résistances qu'elle nous oppose, à vaincre les scrupules dont elle se fait un 70 honneur et la mener doucement où nous avons envie de la faire venir. Mais lorsqu'on en est maître une fois[9], il n'y a plus rien à dire ni rien à souhaiter ; tout le beau de la passion est fini, et nous nous endormons dans la tranquillité d'un tel amour, si quelque objet nouveau ne 75 vient réveiller nos désirs, et présenter à notre cœur les charmes attrayants d'une conquête à faire. Enfin il n'est rien de si doux que de triompher de la résistance d'une belle personne, et j'ai sur ce sujet l'ambition des conquérants, qui volent perpétuellement de victoire en 80 victoire, et ne peuvent se résoudre à borner leurs sou- haits. Il n'est rien qui puisse arrêter l'impétuosité de mes désirs : je me sens un cœur à aimer toute la terre ; et comme Alexandre[10], je souhaiterais qu'il y eût d'autres mondes, pour y pouvoir étendre mes conquêtes amou- 85 reuses.

---

7. **Les tributs où la nature nous oblige :** les témoignages d'amour aux- quels la nature nous oblige (vocabulaire galant).

8. **Réduire :** vaincre, emporter comme une place forte (vocabulaire militaire).

9. **Lorsqu'on en est maître une fois :** une fois qu'on en est maître.

10. **Alexandre :** Alexandre le Grand (IVe siècle av. J.-C.), modèle du conquérant.

SGANARELLE. Vertu de ma vie, comme vous débitez[11] ! Il semble que vous ayez appris cela par cœur, et vous parlez tout comme un livre.

DOM JUAN. Qu'as-tu à dire là-dessus ?

90 **SGANARELLE.** Ma foi ! j'ai à dire..., je ne sais ; car vous tournez les choses d'une manière, qu'il semble[12] que vous avez raison ; et cependant il est vrai que vous ne l'avez pas. J'avais les plus belles pensées du monde, et vos discours m'ont brouillé tout cela. Laissez faire : une autre fois je met-
95 trai mes raisonnements par écrit, pour disputer[13] avec vous.

DOM JUAN. Tu feras bien.

SGANARELLE. Mais, Monsieur, cela serait-il de la permission que vous m'avez donnée, si je vous disais que je suis tant soit peu scandalisé de la vie que vous menez ?

100 **DOM JUAN.** Comment ? quelle vie est-ce que je mène ?

SGANARELLE. Fort bonne. Mais, par exemple, de vous voir tous les mois vous marier comme vous faites...

DOM JUAN. Y a-t-il rien de plus agréable ?

SGANARELLE. Il est vrai, je conçois que cela est fort
105 agréable et fort divertissant, et je m'en accommoderais assez, moi, s'il n'y avait point de mal ; mais, Monsieur, se jouer ainsi d'un mystère sacré[14], et...

DOM JUAN. Va, va, c'est une affaire entre le Ciel et moi, et nous la démêlerons bien ensemble, sans que tu t'en
110 mettes en peine.

SGANARELLE. Ma foi ! Monsieur, j'ai toujours ouï dire que c'est une méchante raillerie[15] que de se railler du Ciel, et que les libertins[16] ne font jamais une bonne fin.

---

11. **Débitez :** récitez.
12. **Vous tournez les choses d'une manière, qu'il semble :** vous présentez les choses d'une telle manière qu'il semble...
13. **Disputer :** discuter, débattre.
14. **Se jouer ainsi d'un mystère sacré :** se moquer du sacrement du mariage.
15. **Une méchante raillerie :** une dangereuse moquerie.
16. **Les libertins :** les libres penseurs, qui ne croient pas en Dieu.

DOM JUAN. Holà ! maître sot, vous savez que je vous ai dit que je n'aime pas les faiseurs de remontrances. [115]

SGANARELLE. Je ne parle pas aussi à vous, Dieu m'en garde. Vous savez ce que vous faites, vous ; et si vous ne croyez rien, vous avez vos raisons ; mais il y a de certains petits impertinents dans le monde, qui sont libertins sans savoir pourquoi, qui font les esprits forts[17], parce qu'ils [120] croient que cela leur sied bien ; et si j'avais un maître comme cela, je lui dirais fort nettement, le regardant en face : « Osez-vous bien ainsi vous jouer au Ciel[18], et ne tremblez-vous point de vous moquer comme vous faites des choses les plus saintes ? C'est bien à vous, petit ver de [125] terre, petit mirmidon[19] que vous êtes (je parle au maître que j'ai dit), c'est bien à vous à vouloir vous mêler de tourner en raillerie ce que tous les hommes révèrent ? Pensez-vous que pour être de qualité, pour avoir une perruque blonde et bien frisée, des plumes à votre chapeau, un habit [130] bien doré, et des rubans couleur de feu (ce n'est pas à vous que je parle, c'est à l'autre), pensez-vous, dis-je, que vous en soyez plus habile homme, que tout vous soit permis, et qu'on n'ose vous dire vos vérités ? Apprenez de moi, qui suis votre valet, que le Ciel punit tôt ou tard les impies, [135] qu'une méchante vie amène une méchante mort, et que... »

DOM JUAN. Paix !

SGANARELLE. De quoi est-il question ?

DOM JUAN. Il est question de te dire qu'une beauté me tient au cœur, et qu'entraîné par ses appas[20], je l'ai suivie [140] jusques en cette ville.

---

17. **Les esprits forts** : l'expression « est une espèce d'injure qu'on dit à ces libertins et incrédules qui se mettent au-dessus des croyances et des opinions populaires » (Furetière).
18. **Vous jouer au Ciel** : vous jouer du Ciel (vous en moquer – on ne pouvait pas représenter « Dieu » sur scène au XVIIᵉ siècle – d'où l'image du Ciel).
19. **Petit mirmidon** : homme petit et faible, étymologiquement « fourmi » (les Myrmidons sont les sujets d'Achille dans L'Iliade d'Homère).
20. **Appas** : attraits, charmes.

SGANARELLE. Et n'y craignez-vous rien, Monsieur, de la mort de ce Commandeur[21] que vous tuâtes il y a six mois ?

DOM JUAN. Et pourquoi craindre ? Ne l'ai-je pas bien
145 tué ?

SGANARELLE. Fort bien, le mieux du monde, et il aurait tort de se plaindre.

DOM JUAN. J'ai eu ma grâce de cette affaire[22].

SGANARELLE. Oui, mais cette grâce n'éteint pas peut-être
150 le ressentiment des parents et des amis, et…

DOM JUAN. Ah ! n'allons point songer au mal qui nous peut arriver, et songeons seulement à ce qui nous peut donner du plaisir. La personne dont je te parle est une jeune fiancée, la plus agréable du monde, qui a été
155 conduite ici par celui même qu'elle y vient épouser ; et le hasard me fit voir ce couple d'amants[23] trois ou quatre jours avant leur voyage. Jamais je n'ai vu deux personnes être si contents l'un de l'autre, et faire éclater plus d'amour. La tendresse visible de leurs mutuelles ardeurs
160 me donna de l'émotion ; j'en fus frappé au cœur et mon amour commença par la jalousie. Oui, je ne pus souffrir d'abord[24] de les voir si bien ensemble ; le dépit alarma mes désirs[25], et je me figurai un plaisir extrême à pouvoir troubler leur intelligence, et rompre cet attachement, dont
165 la délicatesse de mon cœur se tenait offensée ; mais jusques ici tous mes efforts ont été inutiles, et j'ai recours au dernier remède. Cet époux prétendu[26] doit aujourd'hui régaler[27] sa maîtresse d'une promenade sur mer. Sans t'en

---

21. **Commandeur :** militaire qui a reçu un bien ecclésiastique appelé « commanderie ».
22. **J'ai eu ma grâce de cette affaire :** la sanction que j'encourais pour cette affaire (ce duel) a été levée.
23. **Amants :** amoureux (sens du XVIIᵉ siècle).
24. **D'abord :** tout de suite, dès le début.
25. **Alarma mes désirs :** excita mes désirs.
26. **Époux prétendu :** futur époux.
27. **Régaler :** faire un cadeau à.

avoir rien dit, toutes choses sont préparées pour satisfaire mon amour, et j'ai une petite barque et des gens, avec quoi fort facilement je prétends enlever la belle. 170

SGANARELLE. Ha ! Monsieur...

DOM JUAN. Hein ?

SGANARELLE. C'est fort bien fait à vous, et vous le prenez comme il faut. Il n'est rien tel en ce monde que de se contenter. 175

DOM JUAN. Prépare-toi donc à venir avec moi, et prends soin toi-même d'apporter toutes mes armes, afin que... Ah ! rencontre fâcheuse. Traître, tu ne m'avais pas dit qu'elle était ici elle-même. 180

SGANARELLE. Monsieur, vous ne me l'avez pas demandé.

DOM JUAN. Est-elle folle, de n'avoir pas changé d'habit, et de venir en ce lieu-ci avec son équipage de campagne[28] ?

28.**Son équipage de campagne :** sa tenue de campagne.

Clefs d'analyse

Acte I, scènes 1 et 2.

Compréhension

L'information

- Observer la présentation du personnage de Sganarelle : valet vantard (I, 1) puis soumis (I, 2).
- Observer la présentation du personnage de Dom Juan : par son valet (I, 1), par lui-même (I, 2).
- Relever les informations sur l'action en cours (infidélités de Dom Juan, projet de nouvelle aventure [I, 1 et 2]).

Les jugements

- Relever le vocabulaire de l'éloge du tabac (I, 1), puis des conquêtes (I, 2).
- Relever le vocabulaire du blâme sur la conduite de Dom Juan (I, 1).

Réflexion

L'infidélité

- Analyser les condamnations véhémentes de l'infidélité (I, 1).
- Analyser et discuter la défense éloquente de l'infidélité (I, 2).

Le comique

- Expliquer le rôle de l'éloge, apparemment hors sujet, du tabac (I, 1).
- Analyser les revirements comiques de Sganarelle (I, 2).

À retenir :

*Une exposition de théâtre doit présenter l'action et les person-
nages au public. Mais elle doit le faire de manière progressive
et naturelle, pour ne pas tout montrer à la fois. C'est une exigence
de compréhension. On ne peut recevoir toutes les informations,
visuelles, verbales, à la fois – d'où les entrées successives, dans
Dom Juan, de Sganarelle qui présente son maître, puis de Dom
Juan lui-même. C'est aussi une manière de piquer la curiosité
du spectateur. Molière prépare et fait attendre parfois l'entrée
en scène de ses héros. On peut le constater dans Dom Juan mais,
encore plus, dans la pièce précédente, Le Tartuffe.*

Scène 3 DONE ELVIRE, DOM JUAN, SGANARELLE

DONE ELVIRE. Me ferez-vous la grâce, Dom Juan, de vouloir bien me reconnaître ? et puis-je au moins espérer que vous daigniez tourner le visage de ce côté ?

DOM JUAN. Madame, je vous avoue que je suis surpris, et que je ne vous attendais pas ici.

DONE ELVIRE. Oui, je vois bien que vous ne m'y attendiez pas ; et vous êtes surpris, à la vérité, mais tout autrement que je ne l'espérais ; et la manière dont vous le paraissez me persuade pleinement ce que je refusais de croire. J'admire ma simplicité[1] et la faiblesse de mon cœur à douter d'une trahison que tant d'apparences me confirmaient. J'ai été assez bonne, je le confesse, ou plutôt assez sotte pour me vouloir tromper moi-même, et travailler à démentir mes yeux et mon jugement. J'ai cherché des raisons pour excuser à ma tendresse[2] le relâchement d'amitié[3] qu'elle voyait en vous ; et je me suis forgé exprès cent sujets légitimes d'un départ si précipité, pour vous justifier du crime dont ma raison vous accusait. Mes justes soupçons chaque jour avaient beau me parler ; j'en rejetais la voix qui vous rendait criminel à mes yeux, et j'écoutais avec plaisir mille chimères ridicules qui vous peignaient innocent à mon cœur. Mais enfin cet abord[4] ne me permet plus de douter, et le coup d'œil qui m'a reçue m'apprend bien plus de choses que je ne voudrais en savoir. Je serai bien aise pourtant d'ouïr de votre bouche les raisons de votre départ. Parlez, Dom Juan, je vous prie, et voyons de quel air vous saurez vous justifier.

---

1. **J'admire ma simplicité :** je m'étonne de ma naïveté.
2. **Pour excuser à ma tendresse :** pour justifier, dans ma passion.
3. **Amitié :** amour.
4. **Abord :** accueil.

DOM JUAN. Madame, voilà Sganarelle qui sait pourquoi je suis parti.

30 **SGANARELLE.** Moi, Monsieur ? Je n'en sais rien, s'il vous plaît.

DONE ELVIRE. Hé bien ! Sganarelle, parlez. Il n'importe de quelle bouche j'entende ces raisons.

DOM JUAN, *faisant signe d'approcher à Sganarelle.* Allons, 35 parle donc à Madame.

SGANARELLE. Que voulez-vous que je dise ?

DONE ELVIRE. Approchez, puisqu'on le veut ainsi, et me dites un peu les causes d'un départ si prompt.

DOM JUAN. Tu ne répondras pas ?

40 **SGANARELLE.** Je n'ai rien à répondre. Vous vous moquez de votre serviteur.

DOM JUAN. Veux-tu répondre, te dis-je ?

SGANARELLE. Madame…

DONE ELVIRE. Quoi ?

45 **SGANARELLE,** *se retournant vers son maître.* Monsieur…

DOM JUAN. Si…

SGANARELLE. Madame, les conquérants, Alexandre et les autres mondes sont causes de notre départ. Voilà, Monsieur, tout ce que je puis dire.

50 **DONE ELVIRE.** Vous plaît-il, Dom Juan, nous éclaircir ces beaux mystères ?

DOM JUAN. Madame, à vous dire la vérité…

DONE ELVIRE. Ah ! que vous savez mal vous défendre pour un homme de cour, et qui doit être accoutumé à ces 55 sortes de choses ! J'ai pitié de vous voir la confusion que vous avez[5]. Que ne vous armez-vous le front d'une noble effronterie[6] ? Que ne me jurez-vous que vous êtes toujours

---

5. **J'ai pitié de vous voir la confusion que vous avez :** j'ai pitié de voir en vous cette confusion.

6. **Que ne vous armez-vous le front d'une noble effronterie :** pourquoi ne simulez-vous pas une noble audace…

dans les mêmes sentiments pour moi, que vous m'aimez toujours avec une ardeur sans égale, et que rien n'est capable de vous détacher de moi que la mort[7] ? Que ne me dites-vous que des affaires de la dernière conséquence[8] vous ont obligé à partir sans m'en donner avis ; qu'il faut que, malgré vous, vous demeuriez ici quelque temps, et que je n'ai qu'à m'en retourner d'où je viens, assurée que vous suivrez mes pas le plus tôt qu'il vous sera possible ; qu'il est certain que vous brûlez de me rejoindre, et qu'éloigné de moi, vous souffrez ce que souffre un corps qui est séparé de son âme ? Voilà comme il faut vous défendre, et non pas être interdit comme vous êtes. 60 65

DOM JUAN. Je vous avoue, Madame, que je n'ai point le talent de dissimuler, et que je porte un cœur sincère. Je ne vous dirai point que je suis toujours dans les mêmes sentiments pour vous, et que je brûle de vous rejoindre, puisque enfin il est assuré que je ne suis parti que pour vous fuir ; non point par les raisons que vous pouvez vous figurer, mais par un pur motif de conscience[9], et pour ne croire pas[10] qu'avec vous davantage je puisse vivre sans péché. Il m'est venu des scrupules, Madame, et j'ai ouvert les yeux de l'âme sur ce que je faisais. J'ai fait réflexion que, pour vous épouser, je vous ai dérobée à la clôture d'un convent, que vous avez rompu des vœux qui vous engageaient autre part[11], et que le Ciel est fort jaloux[12] de ces sortes de choses. Le repentir m'a pris, et j'ai craint le courroux céleste ; j'ai cru que notre mariage n'était qu'un adultère déguisé, qu'il nous attirerait quelque disgrâce[13] d'en haut, et qu'enfin je devais tâcher 70 75 80 85

---

7. **Que la mort :** sinon la mort.

8. **De la dernière conséquence :** de la plus grande importance.

9. **Un motif de conscience :** un scrupule.

10. **Pour ne croire pas :** parce que je ne crois pas.

11. **Autre part :** ailleurs, c'est-à-dire avec Dieu.

12. **Le Ciel est fort jaloux :** le Ciel veut conserver les engagements qu'on a avec lui.

13. **Disgrâce :** malheur.

de vous oublier, et vous donner moyen de retourner à vos premières chaînes[14]. Voudriez-vous, Madame, vous opposer à une si sainte pensée, et que j'allasse, en vous rete-
90 nant, me mettre le Ciel sur les bras, que par... ?

DONE ELVIRE. Ah ! scélérat, c'est maintenant que je te connais tout entier ; et pour mon malheur, je te connais lorsqu'il n'en est plus temps, et qu'une telle connaissance ne peut plus me servir qu'à me désespérer. Mais sache
95 que ton crime ne demeurera pas impuni, et que le même Ciel dont tu te joues me saura venger de ta perfidie.

DOM JUAN. Sganarelle, le Ciel !

SGANARELLE. Vraiment oui, nous nous moquons bien de cela, nous autres.

100 **DOM JUAN.** Madame...

DONE ELVIRE. Il suffit. Je n'en veux pas ouïr davantage, et je m'accuse même d'en avoir trop entendu. C'est une lâcheté que de se faire expliquer trop sa honte ; et, sur de tels sujets, un noble cœur, au premier mot, doit prendre
105 son parti. N'attends pas que j'éclate ici en reproches et en injures : non, non, je n'ai point un courroux à exhaler en paroles vaines, et toute sa chaleur se réserve pour sa vengeance. Je te le dis encore, le Ciel te punira, perfide, de l'outrage que tu me fais ; et si le Ciel n'a rien que tu puis-
110 ses appréhender, appréhende du moins la colère d'une femme offensée.

SGANARELLE. Si le remords le pouvait prendre !

DOM JUAN, *après une petite réflexion.* Allons songer à l'exécution de notre entreprise amoureuse.

115 **SGANARELLE.** Ah ! quel abominable maître me vois-je obligé de servir !

---

14. **Vos premières chaînes :** vos anciens engagements, vis-à-vis de Dieu.

Clefs d'analyse

Acte I, scène 3.

Compréhension

Une péripétie annoncée

• Relever toutes les confirmations d'une situation de rupture (rappel des engagements, constat de leur dissolution).
• Relever les marques d'une première dramatisation (appels, menaces).

Des personnages opposés

• Relever les manifestations de l'émotion (vocabulaire, pronoms, ponctuation) dans la parole d'Elvire.
• Relever les marques de l'indifférence (silence, réponse déviée ou différée) dans la parole de Dom Juan.

Réflexion

Une amoureuse blessée

• Analyser ce qui éloigne Elvire de l'univers de la comédie (situation, langage).
• Analyser et discuter la sympathie qu'Elvire peut inspirer au public.

Des hommes silencieux

• Expliquer l'intérêt du rôle muet de Sganarelle.
• Analyser les raisons du silence puis de la réponse ironique de Dom Juan.
• Examiner l'impression que produit alors Dom Juan sur le public.

À retenir :

Une péripétie est, à l'origine, un retournement fort de situation. Dans le Dom Juan *de Molière, l'arrivée d'Elvire, qui rappelle au héros ses engagements passés, constitue la première péripétie de la pièce et annonce les autres difficultés qui vont s'abattre sur le séducteur.*

Synthèse Acte I

Une exposition contrastée

Personnages

L'entrée en scène du héros

Le personnage principal est présenté progressivement au spectateur. Il fait l'objet d'un premier portrait, très négatif, par son valet Sganarelle. Celui-ci cherche surtout par là à se faire valoir auprès de son interlocuteur, Gusman – et Molière entend ainsi préparer le public et piquer sa curiosité. Le libertin fait son apparition à la scène 2 et use devant son valet, comiquement soumis, de toutes les ressources de son éloquence pour justifier l'infidélité. On le sait poursuivi par son épouse délaissée, Done Elvire, séduite et abandonnée. Celle-ci fait irruption à la scène 3 mais Dom Juan, face à elle, choisit d'abord le silence, puis la cruauté. Le passé n'intéresse pas un séducteur qui a déjà une autre aventure en tête. Être de théâtre, Dom Juan est un être de l'apparence et de l'instant.

Langage

L'opposition des paroles

Composé de trois scènes seulement, ce premier acte d'exposition ne montre pas seulement des personnages différents ; il propose aussi des langages très contrastés – autre exigence théâtrale. Une première longue tirade d'éloge (du tabac), puis une autre de blâme (d'un maître libertin) témoignent d'une éloquence faussement savante et vraiment ridicule, celle d'un valet pédant. Une authentique éloquence se déploie à la scène 2, celle d'un conquérant, maître des femmes et de la parole. Deux registres s'opposent enfin à la scène 3 : le cynisme ironique du séducteur et la colère pathétique de la femme bafouée.

Synthèse

Société

Libertinage et mariage

Le « grand seigneur méchant homme » a trouvé sans doute plusieurs modèles dans la société du XVIIᵉ siècle : le prince de Conti avant sa conversion, Bussy-Rabutin. On observe, dans ce premier acte, le double aspect du libertinage : la revendication de la liberté de pensée – d'où le goût de Dom Juan pour l'ironie, le paradoxe et la contradiction – ; la revendication de la liberté de mœurs – d'où l'éloge de l'inconstance. Mais s'en prendre au mariage, c'est s'en prendre à une institution triplement reconnue. C'est une institution sociale : elle fonde la famille et la descendance. C'est une institution morale, qui suppose un engagement dans la durée. C'est enfin une donnée religieuse : il s'agit d'un sacrement. La dérision du mariage est donc un défi lancé à la fois à la société, à la morale et à la religion. Provocation supplémentaire : Dom Juan fait de Dieu son rival. Il rappelle à Done Elvire qu'il l'a enlevée d'un couvent, donc que ce mariage lui-même constituait la rupture de vœux religieux antérieurs. « Se mettre le Ciel sur les bras », voilà le défi lancé ironiquement ici. Le bras de Dom Juan le sentira au dernier acte.

Costume de Sganarelle par Achille Devéria, 1847.

ACTE II[1]
Scène 1 CHARLOTTE, PIERROT

CHARLOTTE. Nostre-dinse[2], Piarrot, tu t'es trouvé là bien à point.

PIERROT. Parquienne, il ne s'en est pas fallu l'époisseur d'une éplinque qu'ils ne se sayant nayés tous deux.

CHARLOTTE. C'est donc le coup de vent da matin qui les 5 avoit ranvarsés dans la mar ?

PIERROT. Aga guien[3], Charlotte, je m'en vas te conter tout fin drait[4] comme cela est venu ; car, comme dit l'autre, je les ai le premier avisés[5], avisés le premier je les ai. Enfin donc j'estions sur le bord de la mar, moi et le 10 gros Lucas, et je nous amusions à batifoler avec des mottes de tarre que je nous jesquions à la teste ; car, comme tu sais bian, le gros Lucas aime à batifoler, et moi par fouas je batifole itou. En batifolant donc, pisque batifoler y a, j'ai aperçu de tout loin queuque chose qui 15 grouillait dans gliau, et qui venait comme envars nous par

---

1. Le décor est, selon l'indication la plus ancienne, un hameau de verdure et une grotte au travers de laquelle on voit la mer.
2. **Nostre-dinse :** juron atténué de manière à ne pas prononcer le mot de Notre-Dame (Marie, mère de Jésus). Plus bas on trouve, évitant le nom de Dieu, Parquienne (« par Dieu »), pal sanquienne (« par le sang de Dieu »), morquenne (« par la mort de Dieu »), jergniguenne (« je renie Dieu »), testiguienne (« par la tête de Dieu »), ventrequenne (« par le ventre de Dieu »), etc. Et aussi leurs abréviations : testigué, morqué, ou encore (scène 3) jerni, palsanqué. Molière transpose dans le langage paysan le principe de formation des jurons comme morbleu, parsambleu, etc. Le patois d'Île-de-France déformerait les jurons, les sons (« gliau » pour l'eau), les accords des verbes (au pluriel pour le singulier).
3. **Aga guien :** regarde (de *agarer*), tiens.
4. **Tout fin drait :** tout droit.
5. **Avisés :** vus, aperçus.

secousse. Je voyais cela fixiblement[6], et pis tout d'un coup
je voyais que je ne voyais plus rien. « Eh ! Lucas, ç'ai-je fait,
je pense que vlà des hommes qui nageant là-bas. – Voire,
20 ce m'a-t-il fait, t'as esté au trépassement d'un chat, t'as
la vue trouble. – Palsanquienne, ç'ai-je fait, je n'ai point la
vue trouble : ce sont des hommes. – Point du tout, ce
m'a-t-il fait, t'as la barlue. – Veux-tu gager, ç'ai-je fait, que
je n'ai point la barlue, ç'ai-je fait, et que sont deux hom-
25 mes, ç'ai-je fait, qui nageant droit ici ? ç'ai-je fait. – Morquenne, ce m'a-t-il fait, je gage que non. – Ô ! çà, ç'ai-je
fait, veux-tu gager dix sols que si ? – Je le veux bian, ce
m'a-t-il fait ; et pour te montrer, vlà argent su jeu », ce
m'a-t-il fait. Moi, je n'ai point esté ni fou, ni estourdi ; j'ai
30 bravement bouté[7] à tarre quatre pièces tapées[8], et cinq
sols en doubles, jergniguenne, aussi hardiment que si
j'avais avalé un varre de vin ; car je ses hazardeux, moi, et
je vas à la débandade[9]. Je savais bian ce que je faisais
pourtant. Queuque gniais[10] ! Enfin donc, je n'avons pas
35 putost eu gagé, que j'avons vu les deux hommes tout à
plain[11], qui nous faisant signe de les aller quérir ; et moi
de tirer auparavant les enjeux. « Allons, Lucas, ç'ai-je dit,
tu vois bian qu'ils nous appelont : allons viste à leu
secours. – Non, ce m'a-t-il dit, ils m'ont fait pardre. » Ô !
40 donc, tanquia qu'à la parfin, pour le faire court, je l'ai tant
sarmonné, que je nous sommes boutés dans une barque,
et pis j'avons tant fait cahin caha, que je les avons tirés de
gliau, et pis je les avons menés cheux nous auprès du feu,
et pis ils se sant dépouillés tous nus pour se sécher, et pis

---

6. **Fixiblement :** clairement (mot formé de « fixement » et « visiblement »).

7. **Bouté :** mis.

8. **Quatre pièces tapées :** pièces marquées d'une fleur de lis, dites sols parisis (frappées à Paris), pièces de faible valeur.

9. **Je vas à la débandade :** j'y vais sans réfléchir, comme « les soldats qui se débandent, qui vivent en libertinage et sans discipline » (Furetière).

10. **Queuque gniais :** quelque niais (seul un niais n'aurait pas su ce qu'il faisait).

11. **Tout à plain :** juste devant.

il y en est venu encore deux de la mesme bande, qui ⁴⁵
s'equiant sauvés tout seuls, et pis Mathurine est arrivée là,
à qui l'en a fait les doux yeux. Vlà justement, Charlotte,
comme tout ça s'est fait.

CHARLOTTE. Ne m'as-tu pas dit, Piarrot, qu'il y en a un
qu'est bien pu mieux fait que les autres ? ⁵⁰

PIERROT. Oui, c'est le maître. Il faut que ce soit queuque
gros, gros Monsieur, car il a du dor à son habit tout depis
le haut jusqu'en bas ; et ceux qui le servont sont des
Monsieux eux-mesmes ; et stapandant, tout gros Monsieur qu'il est, il serait, par ma fique¹², nayé, si je n'avi- ⁵⁵
omme esté là.

CHARLOTTE. Ardez¹³ un peu.

PIERROT. Ô ! parquenne, sans nous, il en avoit pour sa
maine de fèves¹⁴.

CHARLOTTE. Est-il encore cheux toi tout nu, Piarrot ? ⁶⁰

PIERROT. Nannain : ils l'avont rhabillé tout devant nous.
Mon quieu, je n'en avais jamais vu s'habiller. Que d'histoires et d'angigorniaux boutont ces Messieus-là¹⁵ les
Courtisans ! Je me pardrais là dedans, pour moi, et j'estais
tout ébobi de voir ça. Quien, Charlotte, ils avont des che- ⁶⁵
veux qui ne tenont point à leu teste ; et ils boutont ça
après tout, comme un gros bonnet de filace. Ils ant des
chemises qui ant des manches où j'entrerions tout bran-
dis¹⁶, toi et moi. En glieu d'haut-de-chausse¹⁷, ils portont
un garde-robe aussi large que d'ici à Pasque ; en glieu de ⁷⁰

---

12. **Par ma fique :** par ma foi.
13. **Ardez :** regardez.
14. **Il en avoit pour sa maine de fèves :** il avait son compte. Maine est
    ici une déformation de mine qui désigne une mesure de graines.
15. **Que d'histoires et d'angigorniaux boutont ces Messieus-là :** que
    d'histoires et de complications font ces messieurs.
16. **Tout brandis :** tout droit, tout d'un coup (comme une épée que l'on
    brandit).
17. **Haut-de-chausse :** « couvre les fesses, le ventre et les cuisses » (Furetière).
    Le pourpoint est la partie du vêtement qui va du cou à la ceinture.

pourpoint, de petites brassières, qui ne leu venont pas jusqu'au brichet[18] ; et en glieu de rabas[19], un grand mouchoir de cou à reziau[20], aveuc quatre grosses houppes de linge qui leu pendent sur l'estomaque. Ils avont itou
75 d'autres petits rabats au bout des bras, et de grands entonnois de passement[21] aux jambes, et parmi tout ça tant de rubans, tant de rubans, que c'est une vraie piquié. Ignia pas jusqu'aux souliers qui n'en soient farcis tout depis un bout jusqu'à l'autre ; et ils sont faits d'eune
80 façon que je me romprais le cou aveuc.

CHARLOTTE. Par ma fi, Piarrot, il faut que j'aille voir un peu ça.

PIERROT. Ô ! acoute un peu auparavant, Charlotte : j'ai queuque autre chose à te dire, moi.

85 **CHARLOTTE.** Et bian ! dis, qu'est-ce que c'est ?

PIERROT. Vois-tu, Charlotte, il faut, comme dit l'autre, que je débonde mon cœur. Je t'aime, tu le sais bian, et je sommes pour estre mariés ensemble ; mais marquenne, je ne suis point satisfait de toi.

90 **CHARLOTTE.** Quement ? qu'est-ce que c'est donc qu'iglia ?

PIERROT. Iglia que tu me chagraignes l'esprit, franchement.

CHARLOTTE. Et quement donc ?

PIERROT. Testiguienne, tu ne m'aimes point.

95 **CHARLOTTE.** Ah ! ah ! n'est que ça ?

PIERROT. Oui, ce n'est que ça, et c'est bian assez.

---

18. **De petites brassières, qui ne leu venont pas jusqu'au brichet :** des chemises (de femme) qui ne leur arrivent pas à l'estomac (bréchet).

19. **Rabas :** col.

20. **Un grand mouchoir de cou à reziau :** un grand collet de dentelles (reziau signifie « réseau »).

21. **De grands entonnois de passement :** de grands canons de dentelle, c'est-à-dire des sortes de collerettes qui prolongent les jambes de la culotte.

CHARLOTTE. Mon quieu, Piarrot, tu me viens toujou dire la mesme chose.

PIERROT. Je te dis toujou la mesme chose, parce que c'est toujou la mesme chose ; et si ce n'était pas toujou la mesme chose, je ne te dirais pas toujou la même chose.

CHARLOTTE. Mais qu'est-ce qu'il te faut ? Que veux-tu ?

PIERROT. Jerniquenne ! je veux que tu m'aimes.

CHARLOTTE. Est-ce que je ne t'aime pas ?

PIERROT. Non, tu ne m'aimes pas ; et si[22], je fais tout ce que je pis pour ça : je t'achète, sans reproche, des rubans à tous les marciers qui passont ; je me romps le cou à t'aller denicher des marles ; je fais jouer pour toi les vielleux quand ce vient ta feste ; et tout ça, comme si je me frappais la teste contre un mur. Vois-tu, ça n'est ni biau ni honnete de n'aimer pas les gens qui nous aimont.

CHARLOTTE. Mais, mon guieu, je t'aime aussi.

PIERROT. Oui, tu m'aimes d'une belle déguaine[23] !

CHARLOTTE. Quement veux-tu donc qu'on fasse ?

PIERROT. Je veux que l'en fasse comme l'en fait quand l'en aime comme il faut.

CHARLOTTE. Ne t'aimé-je pas aussi comme il faut ?

PIERROT. Non : quand ça est, ça se voit, et l'en fait mille petites singeries aux personnes quand on les aime du bon du cœur. Regarde la grosse Thomasse, comme elle est assotée du jeune Robain[24] : alle est toujou autour de li à l'agacer, et ne le laisse jamais en repos ; toujou al li fait queuque niche ou li baille[25] quelque taloche en passant ; et l'autre jour qu'il estait assis sur un escabiau, al fut le tirer de dessous li, et le fit choir tout de son long par tarre. Jarni ! vlà où l'en voit les gens qui aimont ; mais toi,

---

22. **Et si :** et pourtant.
23. **D'une belle déguaine :** « d'une vilaine manière » (Furetière).
24. **Elle est assotée du jeune Robain :** elle est amoureuse du jeune Robain.
25. **Li baille :** lui donne.

tu ne me dis jamais mot, t'es toujou là comme eune vraie souche de bois ; et je passerais vingt fois devant toi, que tu ne te grouillerais pas[26] pour me bailler le moindre
130 coup, ou me dire la moindre chose. Ventrequenne ! ça n'est pas bian, après tout, et t'es trop froide pour les gens.

CHARLOTTE. Que veux-tu que j'y fasse ? c'est mon himeur, et je ne me pis refondre.

PIERROT. Ignia himeur qui quienne. Quand en a de
135 l'amiquié pour les personnes, l'an en baille toujou queuque petite signifiance.

CHARLOTTE. Enfin je t'aime tout autant que je pis, et si tu n'es pas content de ça, tu n'as qu'à en aimer queuque autre.

140 **PIERROT.** Eh bien ! vlà pas mon conte[27]. Testigué ! Si tu m'aimais, me dirais-tu ça ?

CHARLOTTE. Pourquoi me viens-tu aussi tarabuster l'esprit ?

PIERROT. Morqué ! queu mal te fais-je ? Je ne te demande
145 qu'un peu d'amiquié.

CHARLOTTE. Eh bian ! laisse faire aussi, et ne me presse point tant. Peut-être que ça viendra tout d'un coup sans y songer.

PIERROT. Touche donc là, Charlotte[28].

150 **CHARLOTTE.** Eh bien ! quien.

PIERROT. Promets-moi donc que tu tâcheras de m'aimer davantage.

CHARLOTTE. J'y ferai tout ce que je pourrai, mais il faut que ça vienne de lui-même. Piarrot, est-ce là ce Mon-
155 sieur ?

PIERROT. Oui, le vlà.

---

26. **Tu ne te grouillerais pas :** tu ne bougerais pas.
27. **Vlà pas mon conte :** j'ai mon compte.
28. **Touche donc là, Charlotte :** tope-là, Charlotte (c'est-à-dire touche ma main en signe d'accord).

CHARLOTTE. Ah ! mon quieu, qu'il est genti[29], et que ç'aurait été dommage qu'il eût esté nayé !

PIERROT. Je revians tout à l'heure[30]. Je m'en vas boire chopaine, pour me rebouter tant soit peu de la fatigue que j'ais eue.

29.**Qu'il est genti :** qu'il est séduisant.
30.**Tout à l'heure :** tout de suite.

Scène 2 DOM JUAN, SGANARELLE, CHARLOTTE

DOM JUAN. Nous avons manqué notre coup, Sganarelle, et cette bourrasque imprévue a renversé avec notre barque le projet que nous avions fait ; mais, à te dire vrai, la paysanne que je viens de quitter répare ce malheur, et je
5 lui ai trouvé des charmes qui effacent de mon esprit tout le chagrin que me donnait le mauvais succès[1] de notre entreprise. Il ne faut pas que ce cœur m'échappe, et j'y ai déjà jeté des dispositions à ne pas me souffrir longtemps de pousser des soupirs[2].

10 **SGANARELLE.** Monsieur, j'avoue que vous m'étonnez[3]. À peine sommes-nous échappés d'un péril de mort, qu'au lieu de rendre grâce au Ciel de la pitié qu'il a daigné prendre de nous, vous travaillez tout de nouveau à attirer sa colère par vos fantaisies accoutumées et vos amours cr...[4]
15 Paix ! coquin que vous êtes ; vous ne savez ce que vous dites, et Monsieur sait ce qu'il fait. Allons.

DOM JUAN, *apercevant Charlotte.* Ah ! ah ! d'où sort cette autre paysanne, Sganarelle ? As-tu rien vu de plus joli ? et ne trouves-tu pas, dis-moi, que celle-ci vaut bien l'autre ?

20 **SGANARELLE.** Assurément. Autre pièce nouvelle[5].

DOM JUAN. D'où me vient, la belle, une rencontre si agréable ? Quoi ? dans ces lieux champêtres, parmi ces arbres et ces rochers, on trouve des personnes faites comme vous êtes ?

---

1. **Succès :** résultat (bon ou mauvais).
2. **J'y ai déjà jeté des dispositions à ne pas me souffrir longtemps de pousser des soupirs :** je l'ai déjà mis dans une disposition telle qu'il (ce cœur) ne supportera pas longtemps de me laisser être amoureux en vain.
3. **Vous m'étonnez :** vous me stupéfiez.
4. **Cr... :** criminelles, mot interrompu.
5. **Autre pièce nouvelle :** un nouveau mauvais tour.

CHARLOTTE. Vous voyez, Monsieur. 25

DOM JUAN. Êtes-vous de ce village ?

CHARLOTTE. Oui, Monsieur.

DOM JUAN. Et vous y demeurez ?

CHARLOTTE. Oui, Monsieur.

DOM JUAN. Vous vous appelez ? 30

CHARLOTTE. Charlotte, pour vous servir.

DOM JUAN. Ah ! la belle personne, et que ses yeux sont pénétrants !

CHARLOTTE. Monsieur, vous me rendez toute honteuse.

DOM JUAN. Ah ! n'ayez point de honte d'entendre dire 35 vos vérités. Sganarelle, qu'en dis-tu ? Peut-on rien voir de plus agréable ? Tournez-vous un peu, s'il vous plaît. Ah ! que cette taille est jolie ! Haussez un peu la tête, de grâce. Ah ! que ce visage est mignon ! Ouvrez vos yeux entièrement. Ah ! qu'ils sont beaux ! Que je voie un peu vos 40 dents, je vous prie. Ah ! qu'elles sont amoureuses[6], et ces lèvres appétissantes ! Pour moi, je suis ravi, et je n'ai jamais vu une si charmante personne.

CHARLOTTE. Monsieur, cela vous plaît à dire, et je ne sais pas si c'est pour vous railler de moi. 45

DOM JUAN. Moi, me railler de vous ? Dieu m'en garde ! Je vous aime trop pour cela, et c'est du fond du cœur que je vous parle.

CHARLOTTE. Je vous suis bien obligée, si ça est.

DOM JUAN. Point du tout ; vous ne m'êtes point obligée 50 de tout ce que je dis, et ce n'est qu'à votre beauté que vous en êtes redevable.

CHARLOTTE. Monsieur, tout ça est trop bien dit pour moi, et je n'ai pas d'esprit pour vous répondre.

DOM JUAN. Sganarelle, regarde un peu ses mains. 55

CHARLOTTE. Fi ! Monsieur, elles sont noires comme je ne sais quoi.

---

6. **Amoureuses :** aimables (vocabulaire galant).

DOM JUAN. Ha ! que dites-vous là ? Elles sont les plus belles du monde ; souffrez que je les baise, je vous prie.

60 **CHARLOTTE.** Monsieur, c'est trop d'honneur que vous me faites, et si j'avais su ça tantôt, je n'aurais pas manqué de les laver avec du son.

DOM JUAN. Et dites-moi un peu, belle Charlotte, vous n'êtes pas mariée, sans doute ?

65 **CHARLOTTE.** Non, Monsieur ; mais je dois bientôt l'être avec Piarrot, le fils de la voisine Simonette.

DOM JUAN. Quoi ? une personne comme vous serait la femme d'un simple paysan ! Non, non : c'est profaner tant de beautés, et vous n'êtes pas née pour demeurer dans un
70 village. Vous méritez sans doute une meilleure fortune[7], et le Ciel, qui le connaît bien[8], m'a conduit ici tout exprès pour empêcher ce mariage, et rendre justice à vos charmes ; car enfin, belle Charlotte, je vous aime de tout mon cœur, et il ne tiendra qu'à vous que je vous arrache de ce
75 misérable lieu, et ne vous mette dans l'état où vous méritez d'être. Cet amour est bien prompt sans doute ; mais quoi ? c'est un effet, Charlotte, de votre grande beauté, et l'on vous aime autant en un quart d'heure, qu'on ferait une autre[9] en six mois.

80 **CHARLOTTE.** Aussi vrai, Monsieur, je ne sais comment faire quand vous parlez. Ce que vous dites me fait aise, et j'aurais toutes les envies du monde de vous croire ; mais on m'a toujou dit qu'il ne faut jamais croire les monsieux, et que vous autres courtisans êtes des enjoleus, qui ne
85 songez qu'à abuser[10] les filles.

DOM JUAN. Je ne suis pas de ces gens-là.

SGANARELLE. Il n'a garde.

CHARLOTTE. Voyez-vous, Monsieur, il n'y a pas plaisir à se laisser abuser. Je suis une pauvre paysanne ; mais j'ai

---

7. **Une meilleure fortune :** un meilleur sort.
8. **Qui le connaît bien :** qui le sait bien.
9. **Qu'on ferait une autre :** qu'on aimerait une autre.
10. **Abuser :** tromper, séduire.

l'honneur en recommandation[11], et j'aimerais mieux me voir morte, que de me voir déshonorée.

DOM JUAN. Moi, j'aurais l'âme assez méchante pour abuser une personne comme vous ? Je serais assez lâche pour vous déshonorer ? Non, non : j'ai trop de conscience pour cela. Je vous aime, Charlotte, en tout bien et en tout honneur ; et pour vous montrer que je vous dis vrai, sachez que je n'ai point d'autre dessein que de vous épouser : en voulez-vous un plus grand témoignage ? M'y voilà prêt quand vous voudrez ; et je prends à témoin l'homme que voilà de la parole que je vous donne.

SGANARELLE. Non, non, ne craignez point : il se mariera avec vous tant que vous voudrez.

DOM JUAN. Ah ! Charlotte, je vois bien que vous ne me connaissez pas encore. Vous me faites grand tort de juger de moi par les autres ; et s'il y a des fourbes dans le monde, des gens qui ne cherchent qu'à abuser des filles, vous devez me tirer du nombre, et ne pas mettre en doute la sincérité de ma foi[12]. Et puis votre beauté vous assure de tout. Quand on est faite comme vous, on doit être à couvert de toutes ces sortes de crainte ; vous n'avez point l'air, croyez-moi, d'une personne qu'on abuse ; et pour moi, je l'avoue, je me percerais le cœur de mille coups, si j'avais eu la moindre pensée de vous trahir.

CHARLOTTE. Mon Dieu ! je ne sais si vous dites vrai, ou non ; mais vous faites que l'on vous croit.

DOM JUAN. Lorsque vous me croirez, vous me rendrez justice assurément, et je vous réitère encore la promesse que je vous ai faite. Ne l'acceptez-vous pas, et ne voulez-vous pas consentir à être ma femme ?

CHARLOTTE. Oui, pourvu que ma tante le veuille.

DOM JUAN. Touchez donc là, Charlotte, puisque vous le voulez bien de votre part.

---

11. **J'ai l'honneur en recommandation :** j'attache beaucoup d'importance à l'honneur.
12. **La sincérité de ma foi :** la sincérité de ma parole.

CHARLOTTE. Mais au moins, Monsieur, ne m'allez pas
tromper, je vous prie : il y aurait de la conscience à
vous[13], et vous voyez comme j'y vais à la bonne foi[14].

DOM JUAN. Comment ? Il semble que vous doutiez
encore de ma sincérité ! Voulez-vous que je fasse des serments épouvantables ? Que le Ciel…

CHARLOTTE. Mon Dieu, ne jurez point, je vous crois.

DOM JUAN. Donnez-moi donc un petit baiser pour gage
de votre parole.

CHARLOTTE. Oh ! Monsieur, attendez que je soyons
mariés, je vous prie ; après ça, je vous baiserai tant que
vous voudrez.

DOM JUAN. Eh bien ! belle Charlotte, je veux tout ce que
vous voulez ; abandonnez-moi seulement votre main, et
souffrez[15] que, par mille baisers, je lui exprime le ravissement où je suis…

---

13. **Il y aurait de la conscience à vous :** vous auriez honte.
14. **Comme j'y vais à la bonne foi :** comme je suis de bonne foi.
15. **Souffrez :** tolérez.

Scène 3 DOM JUAN, SGANARELLE, PIERROT, CHARLOTTE

PIERROT, *se mettant entre deux et poussant Dom Juan.* Tout doucement, Monsieur, tenez-vous, s'il vous plaît. Vous vous échauffez trop, et vous pourriez gagner la purésie[1].

DOM JUAN, *repoussant rudement Pierrot.* Qui[2] m'amène cet impertinent ?

PIERROT. Je vous dis qu'ou vous tegniez, et qu'ou ne caressiais point nos accordées[3].

DOM JUAN *continue de le repousser.* Ah ! que de bruit !

PIERROT. Jerniquenne ! ce n'est pas comme ça qu'il faut pousser les gens.

CHARLOTTE, *prenant Pierrot par le bras.* Et laisse-le faire aussi, Piarrot.

PIERROT. Quement ? que je le laisse faire ? Je ne veux pas, moi.

DOM JUAN. Ah !

PIERROT. Testiguenne ! parce qu'ous êtes Monsieu, ous viendrez caresser nos femmes à note barbe ? Allez-v's-en caresser les vôtres.

DOM JUAN. Heu ?

PIERROT. Heu. *(Dom Juan lui donne un soufflet.)* Testigué ! ne me frappez pas. *(Autre soufflet.)* Oh ! jernigué ! *(Autre soufflet.)* Ventrequé ! *(Autre soufflet.)* Palsanqué ! Morquenne ! ça n'est pas bian de battre les gens, et ce n'est pas là la récompense de v's avoir sauvé d'estre nayé.

CHARLOTTE. Piarrot, ne te fâche point.

---

1. **Purésie :** pleurésie, maladie du poumon.
2. **Qui :** qu'est-ce qui.
3. **Qu'ou vous tegniez... accordées :** que vous vous reteniez et que vous ne caressiez pas nos fiancées. *Ou* et *ous* pour « vous ».

PIERROT. Je me veux fâcher ; et t'es une vilaine, toi, d'endurer qu'on te cajole.

CHARLOTTE. Oh ! Piarrot, ce n'est pas ce que tu penses.
30 Ce Monsieur veut m'épouser, et tu ne dois pas te bouter en colère.

PIERROT. Quement ? Jerni ! Tu m'es promise.

CHARLOTTE. Ça n'y fait rien, Piarrot. Si tu m'aimes, ne dois-tu pas être bien aise que je devienne Madame ?

35 **PIERROT.** Jerniqué ! non. J'aime mieux te voir crevée que de te voir à un autre.

CHARLOTTE. Va, va, Piarrot, ne te mets point en peine : si je sis Madame, je te ferai gagner queuque chose, et tu apporteras du beurre et du fromage cheux nous.

40 **PIERROT.** Ventrequenne ! je gni en porterai jamais, quand tu m'en poyrais deux fois autant. Est-ce donc comme ça que t'escoutes ce qu'il te dit ? Morquenne ! si j'avais su ça tantost, je me serais bian gardé de le tirer de gliau, et je gli aurais baillé un bon coup d'aviron sur la teste.

45 **DOM JUAN,** *s'approchant de Pierrot pour le frapper.* Qu'est-ce que vous dites ?

PIERROT, *s'éloignant derrière Charlotte.* Jerniquenne ! je ne crains parsonne.

DOM JUAN *passe du côté où est Pierrot.* Attendez-moi un
50 peu.

PIERROT *repasse de l'autre côté de Charlotte.* Je me moque de tout, moi.

DOM JUAN *court après Pierrot.* Voyons cela.

PIERROT *se sauve encore derrière Charlotte.* J'en avons
55 bien vu d'autres.

DOM JUAN. Houais !

SGANARELLE. Eh ! Monsieur, laissez là ce pauvre misérable. C'est conscience[4] de le battre. Écoute, mon pauvre garçon, retire-toi, et ne lui dis rien.

---

4. **C'est conscience :** c'est mal.

PIERROT *passe devant Sganarelle, et dit fièrement à Dom* 60
Juan. Je veux lui dire, moi.

DOM JUAN *lève la main pour donner un soufflet à Pierrot,*
qui baisse la tête, et Sganarelle reçoit le soufflet. Ah ! je
vous apprendrai.

SGANARELLE, *regardant Pierrot qui s'est baissé pour éviter* 65
le soufflet. Peste soit du maroufle⁵ !

DOM JUAN. Te voilà payé de ta charité.

PIERROT. Jarni ! je vas dire à sa tante tout ce ménage-ci⁶.

DOM JUAN. Enfin je m'en vais être le plus heureux de
tous les hommes, et je ne changerais pas mon bonheur à⁷ 70
toutes les choses du monde. Que de plaisirs quand vous
serez ma femme ! et que...

---

5. **Maroufle :** rustre, plouc.
6. **Ce ménage-ci :** cette manière d'agir.
7. **À :** contre.

Clefs d'analyse

Acte II, scènes 1, 2 et 3.

Compréhension

Changement de décor et d'environnement

- Remarquer le changement de lieu, le passage à la campagne, au bord de mer.
- Remarquer le changement de personnages (les paysans).

Évolution de la situation

- Récapituler ce qui s'est passé entre les deux actes (naufrage et sauvetage de Dom Juan).
- Remarquer la série de situations amoureuses différentes : déclaration, dépit, séduction, rivalité.

Réflexion

Le langage des paysans

- Relever et analyser les marques du parler paysan de Pierrot – vocabulaire, syntaxe, prononciation.
- Analyser les raisons de choix du patois (« réalisme » des personnages, marques de leur infériorité sociale, amusement du public).

Le comique

- Analyser le comique de mots (déformation et pittoresque), le comique de situation (l'amour dans des circonstances peu sentimentales), le comique de geste (les coups et les soufflets).
- Expliquer l'ingratitude et l'abus de pouvoir de Dom Juan, qui vient d'être sauvé par Pierrot.

À retenir :

Un texte de théâtre réussi ne doit pas être écrit, en principe, de manière trop homogène. Il doit donner à chaque personnage sa manière propre de parler en fonction de son milieu et de son caractère. Le patois des paysans de Dom Juan *à l'acte II produit ainsi des effets comiques de langage décalé mais montre aussi des paroles différentes sur la scène.*

Scène 4 DOM JUAN, SGANARELLE, CHARLOTTE, MATHURINE

SGANARELLE, *apercevant Mathurine.* Ah ! ah !

MATHURINE, *à Dom Juan.* Monsieur, que faites-vous donc là avec Charlotte ? Est-ce que vous lui parlez d'amour aussi ?

DOM JUAN, *à Mathurine.* Non, au contraire, c'est elle qui me témoignait une envie d'être ma femme, et je lui répondais que j'étais engagé à vous.

CHARLOTTE. Qu'est-ce que c'est donc que vous veut Mathurine ?

DOM JUAN, *bas, à Charlotte.* Elle est jalouse de me voir vous parler, et voudrait bien que je l'épousasse ; mais je lui dis que c'est vous que je veux.

MATHURINE. Quoi ? Charlotte...

DOM JUAN, *bas, à Mathurine.* Tout ce que vous lui direz sera inutile ; elle s'est mis cela dans la tête.

CHARLOTTE. Quement donc ! Mathurine...

DOM JUAN, *bas, à Charlotte.* C'est en vain que vous lui parlerez ; vous ne lui ôterez point cette fantaisie[1].

MATHURINE. Est-ce que... ?

DOM JUAN, *bas, à Mathurine.* Il n'y a pas moyen de lui faire entendre raison.

CHARLOTTE. Je voudrais...

DOM JUAN, *bas, à Charlotte.* Elle est obstinée comme tous les diables.

MATHURINE. Vrament.

DOM JUAN, *bas, à Mathurine.* Ne lui dites rien, c'est une folle.

CHARLOTTE. Je pense...

---

1. **Fantaisie :** délire.

DOM JUAN, *bas, à Charlotte*. Laissez-la là, c'est une extra-vagante.

30 **MATHURINE.** Non, non : il faut que je lui parle.

CHARLOTTE. Je veux voir un peu ses raisons.

MATHURINE. Quoi ?…

DOM JUAN, *bas, à Mathurine*. Je gage qu'elle va vous dire que je lui ai promis de l'épouser.

35 **CHARLOTTE.** Je…

DOM JUAN, *bas, à Charlotte*. Gageons qu'elle vous sou-tiendra que je lui ai donné parole de la prendre pour femme.

MATHURINE. Holà ! Charlotte, ça n'est pas bien de courir
40 sur le marché des autres[2].

CHARLOTTE. Ça n'est pas honnête, Mathurine, d'être jalouse que Monsieur me parle.

MATHURINE. C'est moi que Monsieur a vue la première.

CHARLOTTE. S'il vous a vue la première, il m'a vue la
45 seconde, et m'a promis de m'épouser.

DOM JUAN, *bas, à Mathurine*. Eh bien ! que vous ai-je dit ?

MATHURINE. Je vous baise les mains[3], c'est moi, et non pas vous, qu'il a promis d'épouser.

DOM JUAN, *bas, à Charlotte*. N'ai-je pas deviné ?

50 **CHARLOTTE.** À d'autres, je vous prie ; c'est moi, vous dis-je.

MATHURINE. Vous vous moquez des gens ; c'est moi, encore un coup.

CHARLOTTE. Le vlà qui est pour le dire[4], si je n'ai pas raison.

55 **MATHURINE.** Le vlà qui est pour me démentir, si je ne dis pas vrai.

---

2. **Courir sur le marché des autres :** détourner une affaire à son profit.
3. **Je vous baise les mains :** mais oui, c'est ça… (formule de congé qu'on utilise ironiquement pour s'opposer à une affirmation).
4. **Le vlà qui est pour le dire :** le voilà qui est à même de le dire.

CHARLOTTE. Est-ce, Monsieur, que vous lui avez promis de l'épouser ?

DOM JUAN, *bas, à Charlotte*. Vous vous raillez de moi.

MATHURINE. Est-il vrai, Monsieur, que vous lui avez donné parole d'être son mari ?

DOM JUAN, *bas, à Mathurine*. Pouvez-vous avoir cette pensée ?

CHARLOTTE. Vous voyez qu'al le soutient.

DOM JUAN, *bas, à Charlotte*. Laissez-la faire.

MATHURINE. Vous êtes témoin comme al l'assure.

DOM JUAN, *bas, à Mathurine*. Laissez-la dire.

CHARLOTTE. Non, non : il faut savoir la vérité.

MATHURINE. Il est question de juger ça.

CHARLOTTE. Oui, Mathurine, je veux que Monsieur vous montre votre bec jaune[5].

MATHURINE. Oui, Charlotte, je veux que Monsieur vous rende un peu camuse[6].

CHARLOTTE. Monsieur, vuidez la querelle, s'il vous plaît.

MATHURINE. Mettez-nous d'accord, Monsieur.

CHARLOTTE, *à Mathurine*. Vous allez voir.

MATHURINE, *à Charlotte*. Vous allez voir vous-même.

CHARLOTTE, *à Dom Juan*. Dites.

MATHURINE, *à Dom Juan*. Parlez.

DOM JUAN, *embarrassé, leur dit à toutes deux*. Que voulez-vous que je dise ? Vous soutenez également toutes deux que je vous ai promis de vous prendre pour femmes. Est-ce que chacune de vous ne sait pas ce qui en est, sans qu'il soit nécessaire que je m'explique davantage ? Pourquoi m'obliger là-dessus à des redites ? Celle à qui j'ai promis

---

5. **Votre bec jaune :** votre sottise. Ce sont les oisillons qui ont le bec jaune.

6. **Un peu camuse :** penaude, comme si on lui avait écrasé le nez d'un coup de poing.

effectivement n'a-t-elle pas en elle-même de quoi se moquer des discours de l'autre, et doit-elle se mettre en peine, pourvu que j'accomplisse ma promesse ? Tous les discours n'avancent point les choses ; il faut faire et non pas
90 dire, et les effets[7] décident mieux que les paroles. Aussi n'est-ce rien que par-là que[8] je vous veux mettre d'accord, et l'on verra, quand je me marierai, laquelle des deux a mon cœur. *(Bas, à Mathurine.)* Laissez-lui croire ce qu'elle voudra. *(Bas, à Charlotte.)* Laissez-la se flatter dans son imagina-
95 tion. *(Bas, à Mathurine.)* Je vous adore. *(Bas, à Charlotte.)* Je suis tout à vous. *(Bas, à Mathurine.)* Tous les visages sont laids auprès du vôtre. *(Bas, à Charlotte.)* On ne peut plus souffrir les autres quand on vous a vue. J'ai un petit ordre à donner ; je viens vous retrouver dans un quart d'heure.

100 **CHARLOTTE**, *à Mathurine.* Je suis celle qu'il aime, au moins.

MATHURINE. C'est moi qu'il épousera.

SGANARELLE. Ah ! pauvres filles que vous êtes, j'ai pitié de votre innocence, et je ne puis souffrir de vous voir
105 courir à votre malheur. Croyez-moi l'une et l'autre : ne vous amusez point à tous les contes qu'on vous fait, et demeurez dans votre village.

DOM JUAN, *revenant.* Je voudrais bien savoir pourquoi Sganarelle ne me suit pas.

110 **SGANARELLE.** Mon maître est un fourbe ; il n'a dessein que de vous abuser, et en a bien abusé d'autres ; c'est l'épouseur du genre humain, et. *(Il aperçoit Dom Juan.)* Cela est faux ; et quiconque vous dira cela, vous lui devez dire qu'il en a menti. Mon maître n'est point l'épouseur
115 du genre humain, il n'est point fourbe, il n'a pas dessein de vous tromper, et n'en a point abusé d'autres. Ah ! tenez, le voilà ; demandez-le plutôt à lui-même.

---

7. **Les effets :** les actes.
8. **Aussi n'est-ce rien que par-là que :** aussi n'est-ce que de cette manière que.

DOM JUAN. Oui.

SGANARELLE. Monsieur, comme le monde est plein de médisants, je vais au-devant des choses ; et je leur disais que, si quelqu'un leur venait dire du mal de vous, elles se gardassent bien de le croire, et ne manquassent pas de lui dire qu'il en aurait menti. 120

DOM JUAN. Sganarelle.

SGANARELLE. Oui, Monsieur est homme d'honneur, je le garantis tel. 125

DOM JUAN. Hon !

SGANARELLE. Ce sont des impertinents.

Scène 5

DOM JUAN, LA RAMÉE, CHARLOTTE, MATHURINE, SGANARELLE

LA RAMÉE. Monsieur, je viens vous avertir qu'il ne fait pas bon ici pour vous.

DOM JUAN. Comment ?

LA RAMÉE. Douze hommes à cheval vous cherchent, qui doivent arriver ici dans un moment ; je ne sais pas par quel moyen ils peuvent vous avoir suivi ; mais j'ai appris cette nouvelle d'un paysan qu'ils ont interrogé, et auquel ils vous ont dépeint. L'affaire presse, et le plus tôt que vous pourrez sortir d'ici sera le meilleur.

DOM JUAN, *à Charlotte et Mathurine.* Une affaire pressante m'oblige de partir d'ici ; mais je vous prie de vous ressouvenir de la parole que je vous ai donnée, et de croire que vous aurez de mes nouvelles avant qu'il soit demain au soir. Comme la partie n'est pas égale, il faut user de stratagème, et éluder[1] adroitement le malheur qui me cherche. Je veux que Sganarelle se revête de mes habits, et moi...

SGANARELLE. Monsieur, vous vous moquez. M'exposer à être tué sous vos habits, et...

DOM JUAN. Allons vite, c'est trop d'honneur que je vous fais, et bien heureux est le valet qui peut avoir la gloire de mourir pour son maître.

SGANARELLE. Je vous remercie d'un tel honneur. Ô Ciel, puisqu'il s'agit de mort, fais-moi la grâce de n'être point pris pour un autre !

---

1. **Éluder :** éviter.

Clefs d'analyse

Acte II, scènes 4 et 5.

Compréhension

Dom Juan entre deux paysannes (scène 4)

- Résumer la difficulté de la situation de Dom Juan entre les deux paysannes.
- Relever les pressions parallèles sur le héros dans la scène.

Dom Juan poursuivi (scène 5)

- Remarquer l'intérêt de l'entrée en scène du personnage du messager.
- Observer le danger nouveau que court le héros.

Réflexion

Le jeu de la duplicité

- Relever et analyser tous les jeux de répliques symétriques dans la scène 4.
- Remarquer et analyser l'usage systématique de l'aparté (scène 4).

Maître habile et valet changeant

- Expliquer le goût du jeu et l'habileté du héros dans les scènes 4 et 5.
- Expliquer les raisons et l'effet comique des revirements de Sganarelle.

À retenir :

*Le comique naît d'effets mécaniques : un jeu se répète
à l'identique alors que la vie, elle, se renouvelle sans cesse.
Le numéro de Dom Juan entre les deux paysannes, les volte-face
répétées de Sganarelle, dans cet acte et tout au long de la pièce,
participent bien de ce comique de répétition.*

Synthèse Acte II

Des péripéties rustiques

Personnages

Un grand seigneur à la campagne

Une scène ne doit jamais rester vide au théâtre. Donc les personnages s'y succèdent, s'y remplacent, en se cherchant ou en se chassant. Surprise ! Au début de ce deuxième acte, le décor a changé ; il est rural et Dom Juan n'apparaît pas dans la première scène – c'est sa seule absence dans la pièce, avec la scène 1 de l'acte I. Mais on entend parler de lui, ce qui permet de reconstituer l'ellipse entre les deux actes. Pour se faire valoir auprès de Charlotte, le paysan Pierrot raconte ce qui s'est passé : un grand seigneur, Dom Juan, a fait naufrage – il était à la poursuite d'une nouvelle conquête –, et c'est ce brave Pierrot qui, se jetant à l'eau, lui a sauvé la vie. L'acte, isolé dans l'action et dans l'espace, met en évidence un nouveau trait odieux du grand seigneur : son ingratitude. Rencontrant Charlotte, il séduit la fiancée de son sauveur, chasse violemment celui-ci, abuse de la crédulité des jeunes paysannes à qui il promet à toutes deux le mariage. Mais le séducteur est en danger : un messager vient lui annoncer, en fin d'acte, qu'il est poursuivi.

Langage

Paroles et types

L'acte est l'occasion de forcer le trait dans l'individualisation de la parole. Sganarelle multiplie, comme à son usage, les volte-face grotesques, dénonçant son maître pour se rétracter dès son arrivée. On entend surtout, pour la première fois, le patois paysan, imitation d'un dialecte d'Île-de-France (bien que l'action se passe en Sicile) ; toutes les déformations du langage correct (syntaxe, vocabulaire et prononciation) font « couleur locale » et constituent un procédé sûr du comique. Ce langage réaliste fait échapper l'acte à l'univers convenu de la pastorale, celui des amours bucoliques. Molière ne ridiculise pas pour autant les paysans et leur manière de parler (Pierrot apparaît comme la victime de celui qu'il a sauvé – mais on sait que Dom Juan ne reconnaît aucune dette). C'est surtout l'occasion pour le dramaturge de manifester le pouvoir de la parole. Dom Juan manipule les femmes en étant un « beau parleur », expert en compliments, en promesses (scène 2), mais aussi en double langage (scène 4). La maladresse pittoresque de la parole paysanne signale simplement une infériorité sociale.

Société

Paysannerie et abus de pouvoir

L'acte témoigne, entre rire et émotion, de la soumission des paysans et des paysannes à un seigneur qui abuse de son pouvoir : érotiquement auprès des femmes, violemment auprès des hommes – témoin, le soufflet destiné à Pierrot et donné à Sganarelle et non le « duel », comme il en sera question aux actes suivants, entre gentilshommes. Protéger les faibles et non les humilier, c'est le devoir d'un aristocrate au XVIIe siècle, même si les paysans sont sous sa coupe ; c'est un devoir supplémentaire auquel manque ici le personnage de Dom Juan.

Dom Juan entre deux paysannes, acte II, scène 5.

ACTE III[1]

Scène 1
DOM JUAN, *en habit de campagne*, SGANARELLE, *en habit de médecin.*

SGANARELLE. Ma foi, Monsieur, avouez que j'ai eu raison, et que nous voilà l'un et l'autre déguisés à merveille. Votre premier dessein n'était point du tout à propos, et ceci nous cache bien mieux que tout ce que vous vouliez faire.

DOM JUAN. Il est vrai que te voilà bien, et je ne sais où 5 tu as été déterrer cet attirail ridicule.

SGANARELLE. Oui ? C'est l'habit d'un vieux médecin, qui a été laissé en gage au lieu où je l'ai pris, et il m'en a coûté de l'argent pour l'avoir. Mais savez-vous, Monsieur, que cet habit me met déjà en considération, que je suis 10 salué des gens que je rencontre, et que l'on me vient consulter ainsi qu'un habile homme ?

DOM JUAN. Comment donc ?

SGANARELLE. Cinq ou six paysans et paysannes, en me voyant passer, me sont venus demander mon avis sur 15 différentes maladies.

DOM JUAN. Tu leur as répondu que tu n'y entendais rien ?

SGANARELLE. Moi ? Point du tout. J'ai voulu soutenir l'honneur de mon habit : j'ai raisonné sur le mal, et leur ai fait des ordonnances à chacun. 20

DOM JUAN. Et quels remèdes encore leur as-tu ordonnés ?

SGANARELLE. Ma foi ! Monsieur, j'en ai pris par où j'en ai pu attraper ; j'ai fait mes ordonnances à l'aventure, et ce serait une chose plaisante si les malades guérissaient, et qu'on m'en vînt remercier. 25

DOM JUAN. Et pourquoi non ? Par quelle raison n'aurais-tu pas les mêmes privilèges qu'ont tous les autres méde-

---

1. Le décor est d'abord une forêt et une espèce de temple entouré de verdure.

cins ? Ils n'ont pas plus de part que toi aux guérisons des
malades, et tout leur art est pure grimace[2]. Ils ne font rien
que recevoir la gloire des heureux succès, et tu peux
profiter comme eux du bonheur du malade, et voir attri-
buer à tes remèdes tout ce qui peut venir des faveurs du
hasard et des forces de la nature.

SGANARELLE. Comment, Monsieur, vous êtes aussi impie
en médecine ?

DOM JUAN. C'est une des grandes erreurs qui soit parmi
les hommes.

SGANARELLE. Quoi ? vous ne croyez pas au séné, ni à la
casse, ni au vin émétique[3] ?

DOM JUAN. Et pourquoi veux-tu que j'y croie ?

SGANARELLE. Vous avez l'âme bien mécréante. Cependant vous voyez, depuis un temps, que le vin émétique
fait bruire ses fuseaux[4]. Ses miracles ont converti les plus
incrédules esprits, et il n'y a pas trois semaines que j'en ai
vu, moi qui vous parle, un effet merveilleux.

DOM JUAN. Et quel ?

SGANARELLE. Il y avait un homme qui, depuis six jours,
était à l'agonie ; on ne savait plus que lui ordonner, et
tous les remèdes ne faisaient rien ; on s'avisa à la fin de
lui donner de l'émétique.

DOM JUAN. Il réchappa, n'est-ce pas ?

SGANARELLE. Non, il mourut.

DOM JUAN. L'effet est admirable.

SGANARELLE. Comment ? il y avait six jours entiers qu'il
ne pouvait mourir, et cela le fit mourir tout d'un coup.
Voulez-vous rien de plus efficace ?

---

2. **Tout leur art est pure grimace :** leur art n'est qu'apparence men-
songère.
3. **Au séné [...] vin émétique :** comme la casse, le séné est un laxatif
végétal. Le vin émétique est un vomitif.
4. **Fait bruire ses fuseaux :** fait du bruit, comme le fuseau qui tourne
vite ; au figuré ici : fait parler de lui.

DOM JUAN. Tu as raison.

SGANARELLE. Mais laissons là la médecine, où[5] vous ne croyez point, et parlons des autres choses ; car cet habit me donne de l'esprit, et je me sens en humeur de disputer[6] contre vous. Vous savez bien que vous me permettez les disputes, et que vous ne me défendez que les remontrances. 60

DOM JUAN. Eh bien ?

SGANARELLE. Je veux savoir un peu vos pensées à fond. Est-il possible que vous ne croyiez point du tout au Ciel ?

DOM JUAN. Laissons cela. 65

SGANARELLE. C'est-à-dire que non. Et à l'Enfer ?

DOM JUAN. Eh !

SGANARELLE. Tout de même[7]. Et au diable, s'il vous plaît ?

DOM JUAN. Oui, oui.

SGANARELLE. Aussi peu. Ne croyez-vous point l'autre vie ? 70

DOM JUAN. Ah ! ah ! ah !

SGANARELLE. Voilà un homme que j'aurai bien de la peine à convertir. Et dites-moi un peu [le Moine-Bourru[8], qu'en croyez-vous, eh ? 75

DOM JUAN. La peste soit du fat !

SGANARELLE. Et voilà ce que je ne puis souffrir, car il n'y a rien de plus vrai que le Moine-Bourru, et je me ferais pendre pour celui-là. Mais] encore faut-il croire quelque chose [dans le monde] : qu'est-ce [donc] que vous croyez ? 80

DOM JUAN. Ce que je crois ?

SGANARELLE. Oui.

---

5. **Où** : à laquelle.
6. **Disputer** : discuter, soutenir un débat. La dispute est un genre de discussion réglée, occasion de peser le pour et le contre.
7. **Tout de même** : exactement de la même manière.
8. **Le Moine-Bourru** : « C'est un fantôme qu'on fait craindre au peuple, qui s'imagine que c'est une âme en peine qui court les rues pendant les Avents de Noël, qui maltraite les passants » (Furetière).

DOM JUAN. Je crois que deux et deux sont quatre, Sganarelle, et que quatre et quatre sont huit.

85 **SGANARELLE.** La belle croyance [et les beaux articles de foi que voici] ! Votre religion, à ce que je vois, est donc l'arithmétique ? Il faut avouer qu'il se met d'étranges folies dans la tête des hommes, et que, pour avoir bien étudié, on en est bien moins sage le plus souvent. Pour
90 moi, Monsieur, je n'ai point étudié comme vous, Dieu merci, et personne ne saurait se vanter de m'avoir jamais rien appris ; mais, avec mon petit sens[9], mon petit jugement, je vois les choses mieux que tous les livres, et je comprends fort bien que ce monde que nous voyons n'est
95 pas un champignon qui soit venu tout seul en une nuit. Je voudrais bien vous demander qui a fait ces arbres-là, ces rochers, cette terre, et ce ciel que voilà là-haut, et si tout cela s'est bâti de lui-même. Vous voilà, vous, par exemple, vous êtes là : est-ce que vous vous êtes fait tout
100 seul, et n'a-t-il pas fallu que votre père ait engrossé votre mère pour vous faire ? Pouvez-vous voir toutes les inventions dont la machine de l'homme[10] est composée sans admirer de quelle façon cela est agencé l'un dans l'autre ? ces nerfs, ces os, ces veines, ces artères, ces…, ce poumon,
105 ce cœur, ce foie, et tous ces autres ingrédients qui sont là et qui… Oh ! dame, interrompez-moi donc, si vous voulez. Je ne saurais disputer, si l'on ne m'interrompt. Vous vous taisez exprès, et me laissez parler par belle malice.

DOM JUAN. J'attends que ton raisonnement soit fini.

110 **SGANARELLE.** Mon raisonnement est qu'il y a quelque chose d'admirable dans l'homme, quoi que vous puissiez dire, que tous les savants ne sauraient expliquer. Cela n'est-il pas merveilleux que me voilà ici, et que j'aie quelque chose dans la tête qui pense cent choses différen-
115 tes en un moment, et fait de mon corps tout ce qu'elle

---

9. **Avec mon petit sens :** avec mon petit entendement (faculté de comprendre).
10. **La machine de l'homme :** l'organisme de l'homme.

veut[11] ? Je veux frapper des mains, hausser le bras, lever les yeux au ciel, baisser la tête, remuer les pieds, aller à droit, à gauche, en avant, en arrière, tourner…

Il se laisse tomber en tournant.

DOM JUAN. Bon ! voilà ton raisonnement qui a le nez cassé. 120

SGANARELLE. Morbleu ! je suis bien sot de m'amuser[12] à raisonner avec vous. Croyez ce que vous voudrez : il m'importe bien que vous soyez damné !

DOM JUAN. Mais tout en raisonnant[13], je crois que nous sommes égarés. Appelle un peu cet homme que voilà là-bas, pour lui demander le chemin. 125

SGANARELLE. Holà, ho, l'homme ! ho, mon compère ! ho, l'ami ! un petit mot s'il vous plaît.

---

11. **Ce qu'elle veut :** *elle* pour « quelque chose » qui est du genre féminin au XVIIe siècle, comme chose.
12. **M'amuser :** perdre mon temps.
13. **En raisonnant :** de *raisonner*, au sens d'« examiner, discuter une affaire, une question » (Furetière).

Scène 2 [1]   Dom Juan, Sganarelle, Un Pauvre

Sganarelle. Enseignez-nous un peu le chemin qui mène à la ville.

Le Pauvre. Vous n'avez qu'à suivre cette route, Messieurs, et détourner à main droite quand vous serez au bout de la forêt ; mais je vous donne avis que vous devez vous tenir sur vos gardes, et que, depuis quelque temps, il y a des voleurs ici autour.

Dom Juan. Je te suis bien obligé, mon ami, et je te rends grâce de tout mon cœur.

Le Pauvre. Si vous vouliez, Monsieur, me secourir de quelque aumône ?

Dom Juan. Ah ! ah ! ton avis est intéressé, à ce que je vois.

Le Pauvre. Je suis un pauvre homme, Monsieur, retiré tout seul dans ce bois depuis dix ans, et je ne manquerai pas de prier le Ciel qu'il vous donne toute sorte de biens.

Dom Juan. Eh ! prie-le qu'il te donne un habit, sans te mettre en peine des affaires des autres.

Sganarelle. Vous ne connaissez pas Monsieur, bon homme : il ne croit qu'en deux et deux sont quatre, et en quatre et quatre sont huit.

Dom Juan. Quelle est ton occupation parmi ces arbres ?

Le Pauvre. De prier le Ciel tout le jour pour la prospérité des gens de bien qui me donnent quelque chose.

---

1. Cette scène a été coupée dès la deuxième représentation de la pièce, jour de Mardi gras ; rétablie et édulcorée dans l'édition publiée par La Grange des *Œuvres posthumes de M. de Molière*, en 1682, le passage entre crochets était remplacé par : « Je te veux donner un louis d'or. » Dans une autre édition censurée de la même année, la scène est coupée dès la quatrième réplique. Elle sera rétablie en 1683 dans une édition hollandaise.

DOM JUAN. Il ne se peut donc pas que tu ne sois bien à ton aise ?

LE PAUVRE. Hélas ! Monsieur, je suis dans la plus grande nécessité[2] du monde. 30

DOM JUAN. Tu te moques : un homme qui prie le Ciel tout le jour, ne peut pas manquer d'être bien dans ses affaires.

LE PAUVRE. Je vous assure, Monsieur, que le plus souvent je n'ai pas un morceau de pain à mettre sous les dents. 35

DOM JUAN. [Voilà qui est étrange, et tu es bien mal reconnu de tes soins[3]. Ah ! ah ! je m'en vais te donner un louis d'or tout à l'heure, pourvu que tu veuilles jurer[4].

LE PAUVRE. Ah ! Monsieur, voudriez-vous que je commisse un tel péché ? 40

DOM JUAN. Tu n'as qu'à voir si tu veux gagner un louis d'or[5] ou non. En voici un que je te donne, si tu jures ; tiens, il faut jurer.

LE PAUVRE. Monsieur !

DOM JUAN. À moins de cela, tu ne l'auras pas. 45

SGANARELLE. Va, va, jure un peu, il n'y a pas de mal.

DOM JUAN. Prends, le voilà ; prends, te dis-je, mais jure donc.

LE PAUVRE. Non, Monsieur, j'aime mieux mourir de faim.

DOM JUAN. Va, va,] je te le donne pour l'amour de 50 l'humanité. Mais que vois-je là ? Un homme attaqué par trois autres ? La partie est trop inégale, et je ne dois pas souffrir cette lâcheté.

Il court au lieu du combat.

---

2. **Dans la plus grande nécessité :** dans le plus grand besoin.

3. **Reconnu de tes soins :** récompensé de tes efforts.

4. **Jurer :** « se dit aussi des blasphèmes et des exécrations qui se profèrent contre Dieu et les choses saintes, par emportement, colère, rage et quelquefois mauvaise habitude » (Furetière).

5. **Un louis d'or :** c'est-à-dire dix livres, ou dix fois vingt sols. Dom Juan offre au pauvre l'équivalent de 200 sols – somme énorme pour un miséreux.

Clefs d'analyse

Acte III, scènes 1 et 2.

Compréhension

L'information

- Observer le décor et le costume des personnages, le changement de lieu et de moment – un mouvement vers la forêt.
- Observer les caractéristiques du dialogue (sur la foi, le savoir, les règles de vie).

Le débat

- Observer la discussion initiale sur la médecine (III, 1).
- Relever les arguments sur l'existence de Dieu (III, 1).
- Examiner le débat de la scène 2 avec le Pauvre (III, 2).

Réflexion

Défense de la religion ?

- Analyser le ridicule de la défense de la religion par Sganarelle (III, 1).
- Analyser la défense plus ferme du Pauvre (III, 2).
- Expliquer l'audace de ces deux scènes, largement censurées au XVIIe siècle.

Manipulation de la parole

- Analyser la manière dont Dom Juan fait parler Sganarelle (III, 1).
- Analyser la négociation engagée avec le Pauvre (III, 2).
- Expliquer le mot final : « pour l'amour de l'humanité » (III, 2).

À retenir :

Il y a plusieurs manières d'enchaîner les répliques au théâtre : question/réponse (ou affirmation/protestation, ordre/ obéissance, injonction/refus), réponse sur la chose dont on parle (il/elle, le/la, ceci/cela), reprise des mots de l'interlocuteur.

Scène 3 DOM JUAN, DOM CARLOS, SGANARELLE

SGANARELLE. Mon maître est un vrai enragé d'aller se présenter à un péril qui ne le cherche pas ; mais, ma foi ! le secours a servi, et les deux ont fait fuir les trois.

DOM CARLOS, *l'épée à la main.* On voit, par la fuite de ces voleurs, de quel secours est votre bras. Souffrez, Monsieur, que je vous rende grâce[1] d'une action si généreuse, et que…

DOM JUAN, *revenant l'épée à la main.* Je n'ai rien fait, Monsieur, que vous n'eussiez fait en ma place. Notre propre honneur est intéressé[2] dans de pareilles aventures, et l'action de ces coquins était si lâche, que c'eût été y prendre part que de ne s'y pas opposer. Mais par quelle rencontre[3] vous êtes-vous trouvé entre leurs mains ?

DOM CARLOS. Je m'étais par hasard égaré d'un frère et de tous ceux de notre suite ; et comme je cherchais à les rejoindre, j'ai fait rencontre de ces voleurs, qui d'abord ont tué mon cheval, et qui, sans votre valeur, en auraient fait autant de moi.

DOM JUAN. Votre dessein est-il d'aller du côté de la ville ?

DOM CARLOS. Oui, mais sans y vouloir entrer ; et nous nous voyons obligés, mon frère et moi, à tenir la campagne[4] pour une de ces fâcheuses affaires qui réduisent les gentilshommes à se sacrifier, eux et leur famille, à la sévérité de leur honneur, puisque enfin le plus doux[5] succès en

---

1. **Que je vous rende grâce :** que je vous remercie.
2. **Est intéressé :** est concerné.
3. **Par quelle rencontre :** par quel hasard.
4. **Tenir la campagne :** rester à la campagne, et ne pas rentrer en ville (puisque le duel est interdit).
5. **Doux :** agréable (sens latin).

est toujours funeste, et que, si l'on ne quitte pas la vie, on est contraint de quitter le royaume ; et c'est en quoi je trouve la condition d'un gentilhomme malheureuse, de ne pouvoir point s'assurer sur[6] toute la prudence et toute
30 l'honnêteté de sa conduite, d'être asservi par les lois de l'honneur au dérèglement de la conduite d'autrui, et de voir sa vie, son repos et ses biens dépendre de la fantaisie du premier téméraire qui s'avisera de lui faire une de ces injures[7] pour qui[8] un honnête homme doit périr.

35 **DOM JUAN.** On a cet avantage, qu'on fait courir le même risque et passer aussi mal le temps à ceux qui prennent fantaisie de nous venir faire une offense de gaieté de cœur. Mais ne serait-ce point une indiscrétion que de vous demander quelle peut être votre affaire ?

40 **DOM CARLOS.** La chose en est aux termes de[9] n'en plus faire de secret, et lorsque l'injure a une fois éclaté[10], notre honneur ne va point à vouloir cacher notre honte, mais à faire éclater notre vengeance, et à publier[11] même le dessein que nous en avons. Ainsi, Monsieur, je ne feindrai
45 point de vous dire[12] que l'offense que nous cherchons à venger est une sœur séduite et enlevée d'un convent, et que l'auteur de cette offense est un Dom Juan Tenorio, fils de Dom Louis Tenorio. Nous le cherchons depuis quelques jours, et nous l'avons suivi ce matin sur le rap-
50 port d'un valet qui nous a dit qu'il sortait à cheval, accompagné de quatre ou cinq, et qu'il avait pris le long de cette côte ; mais tous nos soins ont été inutiles, et nous n'avons pu découvrir ce qu'il est devenu.

---

6. **S'assurer sur :** mettre sa confiance en.

7. **Une de ces injures :** un de ces outrages.

8. **Pour qui :** pour lesquelles.

9. **Aux termes de :** au point de.

10. **Et lorsque l'injure a une fois éclaté :** et dès lors que l'outrage a été rendu public.

11. **Publier :** rendre public. Synonyme ici d'éclater.

12. **Je ne feindrai point de vous dire :** je vous dirai franchement.

DOM JUAN. Le connaissez-vous, Monsieur, ce Dom Juan dont vous parlez ?   55

DOM CARLOS. Non, quant à moi. Je ne l'ai jamais vu, et je l'ai seulement ouï dépeindre à mon frère[13] ; mais la renommée n'en dit pas force bien, et c'est un homme dont la vie…

DOM JUAN. Arrêtez, Monsieur, s'il vous plaît. Il est un   60 peu de mes amis, et ce serait à moi une espèce de lâcheté, que d'en ouïr dire du mal.

DOM CARLOS. Pour l'amour de vous, Monsieur, je n'en dirai rien du tout, et c'est bien la moindre chose que je vous doive, après m'avoir sauvé la vie[14], que de me taire   65 devant vous d'une personne que vous connaissez, lorsque je ne puis en parler sans en dire du mal ; mais, quelque ami que vous lui soyez, j'ose espérer que vous n'approuverez pas son action, et ne trouverez pas étrange que nous cherchions d'en prendre la vengeance.   70

DOM JUAN. Au contraire, je vous y veux servir, et vous épargner des soins inutiles. Je suis ami de Dom Juan, je ne puis pas m'en empêcher ; mais il n'est pas raisonnable qu'il offense impunément des gentilshommes, et je m'engage à vous faire faire raison par lui[15].   75

DOM CARLOS. Et quelle raison peut-on faire à ces sortes d'injures ?

DOM JUAN. Toute celle que votre honneur peut souhaiter ; et, sans vous donner la peine de chercher Dom Juan davantage, je m'oblige à le faire trouver[16] au lieu que   80 vous voudrez, et quand il vous plaira.

DOM CARLOS. Cet espoir est bien doux, Monsieur, à des cœurs offensés ; mais, après ce que je vous dois, ce me

---

13. **Je l'ai seulement ouï dépeindre à mon frère :** j'ai seulement entendu mon frère en faire son portrait.
14. **Après m'avoir sauvé la vie :** après que vous m'avez sauvé la vie.
15. **À vous faire faire raison par lui :** à ce qu'il vous fasse réparation.
16. **Je m'oblige à le faire trouver :** je m'engage à le faire se trouver.

serait une trop sensible douleur que vous fussiez de la
85   partie[17].

DOM JUAN. Je suis si attaché à Dom Juan, qu'il ne saurait
se battre que je ne me batte aussi ; mais enfin j'en
réponds comme de moi-même, et vous n'avez qu'à dire
quand vous voulez qu'il paraisse et vous donne satis-
90   faction[18].

DOM CARLOS. Que ma destinée est cruelle ! Faut-il que
je vous doive la vie, et que Dom Juan soit de vos amis ?

Scène 4

DOM ALONSE, *et trois suivants*, DOM CARLOS, DOM JUAN, SGANARELLE

DOM ALONSE. Faites boire là mes chevaux, et qu'on les amène après nous[1] ; je veux un peu marcher à pied. Ô Ciel ! que vois-je ici ! Quoi ? mon frère, vous voilà avec notre ennemi mortel ?

DOM CARLOS. Notre ennemi mortel ?   5

DOM JUAN, *se reculant de trois pas et mettant fièrement la main sur la garde de son épée.* Oui, je suis Dom Juan moi-même, et l'avantage du nombre ne m'obligera pas à vouloir déguiser mon nom.

DOM ALONSE. Ah ! traître, il faut que tu périsses, et…   10

DOM CARLOS. Ah ! mon frère, arrêtez. Je lui suis redevable de la vie ; et sans le secours de son bras, j'aurais été tué par des voleurs que j'ai trouvés.

DOM ALONSE. Et voulez-vous que cette considération empêche notre vengeance ? Tous les services que nous   15 rend une main ennemie ne sont d'aucun mérite pour engager notre âme ; et s'il faut mesurer l'obligation à l'injure, votre reconnaissance, mon frère, est ici ridicule ; et comme l'honneur est infiniment plus précieux que la vie, c'est ne devoir rien proprement[2] que d'être redevable de la vie à   20 qui nous a ôté l'honneur.

DOM CARLOS. Je sais la différence, mon frère, qu'un gentilhomme doit toujours mettre entre l'un et l'autre, et la reconnaissance de l'obligation[3] n'efface point en moi le ressentiment de l'injure[4] ; mais souffrez que je lui rende   25

---

1. **Après nous :** derrière nous.
2. **Proprement :** au sens propre du mot.
3. **La reconnaissance de l'obligation :** le fait de reconnaître ce dont je suis redevable à Dom Juan.
4. **Le ressentiment de l'injure :** le ressentiment causé par l'outrage.

ici ce qu'il m'a prêté, que je m'acquitte sur-le-champ de la vie que je lui dois, par un délai de notre vengeance, et lui laisse la liberté de jouir, durant quelques jours, du fruit de son bienfait.

30 **DOM ALONSE.** Non, non, c'est hasarder notre vengeance que de la reculer, et l'occasion de la prendre peut ne plus revenir. Le Ciel nous l'offre ici, c'est à nous d'en profiter. Lorsque l'honneur est blessé mortellement, on ne doit point songer à garder aucunes mesures[5] ; et si vous répugnez à

35 prêter votre bras à cette action, vous n'avez qu'à vous retirer et laisser à ma main la gloire d'un tel sacrifice.

DOM CARLOS. De grâce, mon frère.

DOM ALONSE. Tous ces discours sont superflus : il faut qu'il meure.

40 **DOM CARLOS.** Arrêtez-vous, dis-je, mon frère. Je ne souffrirai point du tout qu'on attaque ses jours[6], et je jure le Ciel que je le défendrai ici contre qui que ce soit, et je saurai lui faire un rempart de cette même vie qu'il a sauvée ; et pour adresser vos coups, il faudra que vous me perciez.

45 **DOM ALONSE.** Quoi ? vous prenez le parti de notre ennemi contre moi ; et loin d'être saisi à son aspect des mêmes transports que je sens, vous faites voir pour lui des sentiments pleins de douceur ?

DOM CARLOS. Mon frère, montrons de la modération

50 dans une action légitime, et ne vengeons point notre honneur avec cet emportement que vous témoignez. Ayons du cœur[7] dont nous soyons les maîtres, une valeur qui n'ait rien de farouche, et qui se porte aux choses par une pure délibération de notre raison, et non point par le

55 mouvement d'une aveugle colère. Je ne veux point, mon frère, demeurer redevable à mon ennemi, et je lui ai une obligation dont il faut que je m'acquitte avant toute

---

5. **Aucunes mesures :** aucune mesure.

6. **Ses jours :** sa vie.

7. **Ayons du cœur :** ayons du courage.

chose. Notre vengeance, pour être différée, n'en sera pas moins éclatante : au contraire, elle en tirera de l'avantage ; et cette occasion de l'avoir pu prendre la fera paraître plus juste aux yeux de tout le monde. 60

DOM ALONSE. Ô l'étrange faiblesse, et l'aveuglement effroyable d'hasarder ainsi les intérêts de son honneur[8] pour la ridicule pensée d'une obligation chimérique !

DOM CARLOS. Non, mon frère, ne vous mettez pas en 65 peine. Si je fais une faute, je saurai bien la réparer, et je me charge de tout le soin de notre honneur ; je sais à quoi il nous oblige, et cette suspension[9] d'un jour, que ma reconnaissance lui demande, ne fera qu'augmenter l'ardeur que j'ai de le satisfaire. Dom Juan, vous voyez que j'ai soin de 70 vous rendre le bien que j'ai reçu de vous, et vous devez par là juger du reste, croire que je m'acquitte avec même chaleur de ce que je dois, et que je ne serai pas moins exact à vous payer l'injure que le bienfait. Je ne veux point vous obliger ici à expliquer vos sentiments[10], et je vous 75 donne la liberté de penser à loisir aux résolutions que vous avez à prendre. Vous connaissez assez la grandeur de l'offense que vous nous avez faite, et je vous fais juge vous-même des réparations qu'elle demande. Il est des moyens doux pour nous satisfaire ; il en est de violents et 80 de sanglants ; mais enfin, quelque choix que vous fassiez, vous m'avez donné parole de me faire faire raison par Dom Juan : songez à me la faire[11], je vous prie, et vous ressouvenez que, hors d'ici, je ne dois plus qu'à mon honneur.

DOM JUAN. Je n'ai rien exigé de vous, et vous tiendrai ce 85 que j'ai promis.

DOM CARLOS. Allons, mon frère : un moment de douceur ne fait aucune injure à la sévérité de notre devoir.

---

8. **D'hasarder ainsi les intérêts de son honneur :** de risquer ainsi l'intérêt de son honneur.
9. **Cette suspension :** ce délai.
10. **Expliquer vos sentiments :** exposer vos sentiments.
11. **À me la faire :** à me donner satisfaction.

Scène 5 DOM JUAN, SGANARELLE

DOM JUAN. Holà, hé, Sganarelle !

SGANARELLE. Plaît-il ?

DOM JUAN. Comment ? coquin, tu fuis quand on m'attaque ?

5 **SGANARELLE.** Pardonnez-moi, Monsieur ; je viens seulement d'ici près. Je crois que cet habit est purgatif, et que c'est prendre médecine[1] que de le porter.

DOM JUAN. Peste soit l'insolent ! Couvre au moins ta poltronnerie d'un voile plus honnête. Sais-tu bien qui est 10 celui à qui j'ai sauvé la vie ?

SGANARELLE. Moi ? Non.

DOM JUAN. C'est un frère d'Elvire.

SGANARELLE. Un…

DOM JUAN. Il est assez honnête homme[2], il en a bien 15 usé[3], et j'ai regret d'avoir démêlé avec lui.

SGANARELLE. Il vous serait aisé de pacifier toutes choses.

DOM JUAN. Oui ; mais ma passion est usée pour Done Elvire, et l'engagement ne compatit point avec mon humeur[4]. J'aime la liberté en amour, tu le sais, et je ne 20 saurais me résoudre à renfermer mon cœur entre quatre murailles. Je te l'ai dit vingt fois, j'ai une pente naturelle à me laisser aller à tout ce qui m'attire. Mon cœur est à toutes les belles, et c'est à elles à le prendre tour à tour,

---

1. **Prendre médecine :** me soigner (me purger, ici).
2. **Il est assez honnête homme :** il est tout à fait homme d'honneur.
3. **Il en a bien usé :** il s'est bien comporté.
4. **L'engagement ne compatit point avec mon humeur :** l'engagement n'est pas compatible avec ma nature (« humeur » au sens médical de caractère physiologique).

et à le garder tant qu'elles le pourront. Mais quel est le superbe édifice que je vois entre ces arbres ? 25

SGANARELLE. Vous ne le savez pas ?

DOM JUAN. Non, vraiment.

SGANARELLE. Bon ! c'est le tombeau que le Commandeur faisait faire lorsque vous le tuâtes.

DOM JUAN. Ah ! tu as raison. Je ne savais pas que c'était 30 de ce côté-ci qu'il était. Tout le monde m'a dit des merveilles de cet ouvrage, aussi bien que de la statue du Commandeur, et j'ai envie de l'aller voir.

SGANARELLE. Monsieur, n'allez point là.

DOM JUAN. Pourquoi ? 35

SGANARELLE. Cela n'est pas civil[5], d'aller voir un homme que vous avez tué.

DOM JUAN. Au contraire, c'est une visite dont je lui veux faire civilité, et qu'il doit recevoir de bonne grâce, s'il est galant homme[6]. Allons, entrons dedans. 40

Le tombeau s'ouvre, où l'on voit un superbe mausolée et la statue du Commandeur.

SGANARELLE. Ah ! que cela est beau ! Les belles statues ! le beau marbre ! les beaux piliers ! Ah ! que cela est beau ! Qu'en dites-vous, Monsieur ? 45

DOM JUAN. Qu'on ne peut voir aller plus loin l'ambition d'un homme mort ; et ce que je trouve admirable, c'est qu'un homme qui s'est passé[7], durant sa vie, d'une assez simple demeure, en veuille avoir une si magnifique pour quand il n'en a plus que faire. 50

SGANARELLE. Voici la statue du Commandeur.

DOM JUAN. Parbleu ! le voilà bon[8], avec son habit d'empereur romain !

---

5. **Civil :** courtois.
6. **Galant homme :** homme poli, de bonne compagnie.
7. **Qui s'est passé :** qui s'est contenté de.
8. **Le voilà bon :** le voilà beau.

SGANARELLE. Ma foi, Monsieur, voilà qui est bien fait. Il
55 semble qu'il est en vie, et qu'il s'en va parler. Il jette des
regards sur nous qui me feraient peur, si j'étais tout seul,
et je pense qu'il ne prend pas plaisir de nous voir.

DOM JUAN. Il aurait tort, et ce serait mal recevoir l'honneur que je lui fais. Demande-lui s'il veut venir souper[9]
60 avec moi.

SGANARELLE. C'est une chose dont il n'a pas besoin,
je crois.

DOM JUAN. Demande-lui, te dis-je.

SGANARELLE. Vous moquez-vous ? Ce serait être fou que
65 d'aller parler à une statue.

DOM JUAN. Fais ce que je te dis.

SGANARELLE. Quelle bizarrerie ! Seigneur Commandeur…
Je ris de ma sottise, mais c'est mon maître qui me la fait
faire. Seigneur Commandeur, mon maître Dom Juan vous
70 demande si vous voulez lui faire l'honneur de venir
souper avec lui. *(La Statue baisse la tête.)* Ha !

DOM JUAN. Qu'est-ce ? Qu'as-tu ? Dis donc, veux-tu parler ?

SGANARELLE *fait le même signe que lui a fait la Statue et*
75 *baisse la tête.* La Statue…

DOM JUAN. Eh bien ! que veux-tu dire, traître ?

SGANARELLE. Je vous dis que la Statue…

DOM JUAN. Eh bien ! la Statue ? Je t'assomme, si tu ne
parles.

80 **SGANARELLE.** La Statue m'a fait signe.

DOM JUAN. La peste le coquin !

SGANARELLE. Elle m'a fait signe, vous dis-je : il n'est rien
de plus vrai. Allez-vous-en lui parler vous-même pour
voir. Peut-être…

---

9. **S'il veut venir souper :** s'il veut venir dîner.

DOM JUAN. Viens, maraud, viens, je te veux bien faire toucher[10] au doigt ta poltronnerie. Prends garde. Le seigneur Commandeur voudrait-il venir souper avec moi ?

La Statue baisse encore la tête.

SGANARELLE. Je ne voudrais pas en tenir dix pistoles[11]. Eh bien ! Monsieur ?

DOM JUAN. Allons, sortons d'ici.

SGANARELLE. Voilà de mes esprits forts, qui ne veulent rien croire.

---

10. **Je te veux bien faire toucher :** je veux te faire bien toucher...
11. **Je ne voudrais pas en tenir dix pistoles :** je ne parierais pas dix pistoles là-dessus (sur la venue du Commandeur).

Clefs d'analyse

Acte III, scènes 3, 4 et 5.

Compréhension

La dramatisation humaine

- Observer la dramatisation soudaine dans la scène 3.
- Observer la nouvelle progression dramatique de la scène 4.

La dramatisation sacrée

- Revenir aux mots de Sganarelle (I, 2), qui rappelait le duel avec le Commandeur.
- Examiner la soumission craintive de Sganarelle, porte-parole malgré lui de son maître (III, 5).
- Remarquer le crescendo dramatique : le premier avertissement surnaturel (III, 5).

Réflexion

La question du point d'honneur

- Analyser le code de l'honneur chez Dom Juan (III, 3).
- Examiner et discuter la « noblesse du personnage » – la dissimulation de son identité, ses provocations, son courage.
- Analyser et discuter les arguments opposés sur ce code de l'honneur chez les deux frères d'Elvire (III, 4).

Un mort mis en scène

- Réfléchir à la figuration possible du mausolée (mouvement, silence, ton des personnages) à la scène 5.
- Imaginer l'effet produit par cette visite sur le public.
- Interpréter le choix du secret chez Molière : Commandeur inconnu du spectateur, entrée fortuite dans son tombeau, provocation tardive (par rapport à ses devanciers).

À retenir :

La tradition de la tragédie entend produire la catharsis, la purgation des émotions violentes par la terreur et la pitié. La comédie, elle, ne vise pas la catharsis mais la correction par le rire. Cela n'exclut pas pour autant les émotions fortes.

DUGAZON, dans SGANARELLE DU FESTIN DE PIERRE
Comedie

N°. 16.

Il purge, rejouit conforte le cerveau,
De toute noire humeur promptement le delivre,
Et qui vit sans tabac, n'est pas digne de vivre.

Acte I.er Scene I.re

A Paris, chez Hazard, rue du Coq, N° 15.

Jean-Baptiste Gourgand, dit « Dugazon »,
dans le rôle de Sganarelle, en 1665.

Synthèse Acte III

Un nœud nomade

Personnages

Dom Juan en fuite

Déguisé et en route avec Sganarelle, au fond d'une forêt, Dom Juan peut exprimer son incrédulité en matière religieuse et démonter les arguments de son valet peu convaincant. Le déguisement est un aspect essentiel du personnage de Dom Juan, de Tirso de Molina à Mozart, qui signale le côté théâtral de celui-ci à travers le changement de costume, autre forme de l'inconstance baroque. Le héros se révèle ensuite à travers une série de rencontres fortuites – hasard de la tragi-comédie, par opposition à la nécessité rigoureuse de la tragédie. Il croise ainsi successivement un Pauvre (qu'il essaie en vain de pousser à l'impiété), un gentilhomme qu'il secourt et qu'il reconnaît ensuite comme étant son ennemi (le frère d'Elvire qui doit venger l'honneur bafoué de sa sœur), enfin la statue d'un Commandeur provoqué dans sa tombe, qui lui fait un signe surnaturel. Dom Juan reçoit donc, dans cet acte itinérant, une série de menaces : avertissement comique de son valet, refus plus grave d'un ermite, affrontement guerrier avec ses pairs, présage funeste de la mort. Il manifeste son ambivalence : sa corruption – il veut dévoyer un homme pauvre – et son courage – il accepte de se battre et d'affronter le sacré. Comme toujours, Sganarelle ne cesse mécaniquement de se montrer solidaire puis de se désolidariser de son maître.

Langage

Bavardages et paroles décisives

Au théâtre, toute parole est, en principe, au service de l'action. Or ce n'est pas le cas, en apparence, dans les deux premières scènes de l'acte III, où Dom Juan confirme surtout son impiété (auprès de Sganarelle, puis du Pauvre). Molière y touche à la question de la médecine, mais surtout à la question religieuse – qui lui tient à cœur depuis l'interdiction du *Tartuffe*. Les tirades deviennent plus abstraites, faussement savantes ou théologiques (quelles preuves de l'existence de Dieu ?), dans la première scène. La comédie a-t-elle le droit d'aborder ces sujets importants ? Molière soutient que oui, mais il choque de nouveau ici ; ces scènes seront d'ailleurs largement amputées, dès la deuxième représentation de la pièce. Le langage devient plus nettement dramatique dans la suite de l'acte, où le héros s'engage dans une action qui peut lui coûter la vie ; combat de gentilshommes et surtout défi lancé à une statue – première apparition d'une « machine » qui bouge, chère au public du XVIIᵉ siècle.

Société

Le point d'honneur et le duel

À un acte II largement paysan s'oppose l'acte III qui met en scène un autre ordre du XVIIᵉ siècle : la noblesse et ses valeurs. Des gens de bonne compagnie se rencontrent tous dans la forêt obscure à ce moment de la pièce. Dom Juan y retrouve en effet un défenseur de Dieu – le Pauvre –, le tombeau d'un homme qu'il a « bien tué », et, entre-temps, ses beaux-frères, eux-mêmes confrontés à des combats. Autant dire que cette forêt très fréquentée a plutôt une valeur symbolique : elle est un lieu de quête, de discussion, d'argumentations opposées. C'est sur la question des codes de la noblesse et des règles de l'honneur que s'engage le débat contradictoire entre les deux frères d'Elvire, à la scène 4. Les deux frères examinent l'urgence et la nécessité d'une pratique interdite en France par Richelieu : le duel. C'est à la suite d'un duel aussi qu'est mort le Commandeur qui fait signe d'outre-tombe dans la dernière scène de l'acte. *Dom Juan* met en scène une noblesse qui, en voulant élaborer ses propres règles, défie dangereusement celles du pouvoir en place.

ACTE IV[1]

Scène 1 DOM JUAN, SGANARELLE

DOM JUAN. Quoi qu'il en soit, laissons cela : c'est une bagatelle, et nous pouvons avoir été trompés par un faux jour, ou surpris de quelque vapeur[2] qui nous ait troublé la vue.

5 **SGANARELLE.** Eh ! Monsieur, ne cherchez point à démentir ce que nous avons vu des yeux que voilà. Il n'est rien de plus véritable que ce signe de tête ; et je ne doute point que le Ciel, scandalisé de votre vie, n'ait produit ce miracle pour vous convaincre, et pour vous retirer de…

10 **DOM JUAN.** Écoute. Si tu m'importunes davantage de tes sottes moralités, si tu me dis encore le moindre mot làdessus, je vais appeler quelqu'un, demander un nerf de bœuf, te faire tenir par trois ou quatre, et te rouer de mille coups. M'entends-tu bien ?

15 **SGANARELLE.** Fort bien, Monsieur, le mieux du monde. Vous vous expliquez clairement ; c'est ce qu'il y a de bon en vous, que vous n'allez point chercher de détours : vous dites les choses avec une netteté admirable.

DOM JUAN. Allons, qu'on me fasse souper le plus tôt que
20 l'on pourra. Une chaise, petit garçon[3].

---

1. Le décor est une chambre dans l'appartement de Dom Juan.
2. **Quelque vapeur :** trouble qui monte au cerveau, hallucination.
3. **Petit garçon :** jeune domestique.

Scène 2 DOM JUAN, LA VIOLETTE, SGANARELLE

LA VIOLETTE. Monsieur, voilà votre marchand[1], M. Dimanche, qui demande à vous parler.

SGANARELLE. Bon, voilà ce qu'il nous faut, qu'un compliment de créancier ! De quoi s'avise-t-il de nous venir demander de l'argent, et que ne lui disais-tu que Monsieur n'y est pas ? 5

LA VIOLETTE. Il y a trois quarts d'heure que je lui dis ; mais il ne veut pas le croire, et s'est assis là-dedans pour attendre.

SGANARELLE. Qu'il attende, tant qu'il voudra. 10

DOM JUAN. Non, au contraire, faites-le entrer. C'est une fort mauvaise politique que de se faire celer[2] aux créanciers. Il est bon de les payer de quelque chose, et j'ai le secret de les renvoyer satisfaits sans leur donner un double[3]. 15

---

1. **Votre marchand :** votre fournisseur (avec un paiement à crédit).
2. **Celer :** cacher, se faire celer ; faire dire qu'on est absent.
3. **Un double :** un double denier, monnaie qui vaut un douzième de sol, soit une toute petite somme.

Scène 3 Dom Juan, M. Dimanche, Sganarelle, Suite

Dom Juan, *faisant de grandes civilités*. Ah ! Monsieur Dimanche, approchez. Que je suis ravi de vous voir, et que je veux de mal à mes gens de ne vous pas faire entrer d'abord[1] ! J'avais donné ordre qu'on ne me fît
5 parler personne[2] ; mais cet ordre n'est pas pour vous, et vous êtes en droit de ne trouver jamais de porte fermée chez moi.

M. Dimanche. Monsieur, je vous suis fort obligé.

Dom Juan, *parlant à ses laquais*. Parbleu ! coquins, je
10 vous apprendrai à laisser M. Dimanche dans une antichambre, et je vous ferai connaître les gens[3].

M. Dimanche. Monsieur, cela n'est rien.

Dom Juan. Comment ? vous dire que je n'y suis pas, à M. Dimanche, au meilleur de mes amis ?

15 **M. Dimanche.** Monsieur, je suis votre serviteur. J'étais venu…

Dom Juan. Allons vite, un siège pour M. Dimanche.

M. Dimanche. Monsieur, je suis bien comme cela.

Dom Juan. Point, point, je veux que vous soyez assis
20 contre moi[4].

M. Dimanche. Cela n'est point nécessaire.

Dom Juan. Otez ce pliant[5], et apportez un fauteuil.

M. Dimanche. Monsieur, vous vous moquez, et…

---

1. **D'abord :** tout de suite.
2. **Qu'on ne me fît parler personne :** qu'on ne laissât personne me parler.
3. **Connaître les gens :** reconnaître les gens.
4. **Contre moi :** auprès de moi.
5. **Ce pliant :** siège le plus modeste d'une demeure.

DOM JUAN. Non, non, je sais ce que je vous dois, et je ne veux point qu'on mette de différence entre nous deux. 25

M. DIMANCHE. Monsieur...

DOM JUAN. Allons, asseyez-vous.

M. DIMANCHE. Il n'est pas besoin, Monsieur, et je n'ai qu'un mot à vous dire. J'étais...

DOM JUAN. Mettez-vous là, vous dis-je. 30

M. DIMANCHE. Non, Monsieur, je suis bien. Je viens pour...

DOM JUAN. Non, je ne vous écoute point si vous n'êtes assis.

M. DIMANCHE. Monsieur, je fais ce que vous voulez. Je... 35

DOM JUAN. Parbleu ! Monsieur Dimanche, vous vous portez bien.

M. DIMANCHE. Oui, Monsieur, pour vous rendre service. Je suis venu...

DOM JUAN. Vous avez un fonds de santé admirable, des 40 lèvres fraîches, un teint vermeil, et des yeux vifs.

M. DIMANCHE. Je voudrais bien...

DOM JUAN. Comment se porte Madame Dimanche, votre épouse ?

M. DIMANCHE. Fort bien, Monsieur, Dieu merci. 45

DOM JUAN. C'est une brave femme.

M. DIMANCHE. Elle est votre servante, Monsieur. Je venais...

DOM JUAN. Et votre petite fille Claudine, comment se porte-t-elle ? 50

M. DIMANCHE. Le mieux du monde.

DOM JUAN. La jolie petite fille que c'est ! je l'aime de tout mon cœur.

M. DIMANCHE. C'est trop d'honneur que vous lui faites, Monsieur. Je vous... 55

DOM JUAN. Et le petit Colin, fait-il toujours bien du bruit avec son tambour ?

M. DIMANCHE. Toujours de même, Monsieur. Je…

DOM JUAN. Et votre petit chien Brusquet ? Gronde-t-il
60 toujours aussi fort, et mord-il toujours bien aux jambes
les gens qui vont chez vous ?

M. DIMANCHE. Plus que jamais, Monsieur, et nous ne
saurions en chevir[6].

DOM JUAN. Ne vous étonnez pas si je m'informe des
65 nouvelles de toute la famille, car j'y prends beaucoup
d'intérêt.

M. DIMANCHE. Nous vous sommes, Monsieur, infiniment
obligés. Je…

DOM JUAN, *lui tendant la main.* Touchez donc là, Mon-
70 sieur Dimanche. Êtes-vous bien de mes amis ?

M. DIMANCHE. Monsieur, je suis votre serviteur.

DOM JUAN. Parbleu ! je suis à vous de tout mon cœur.

M. DIMANCHE. Vous m'honorez trop. Je…

DOM JUAN. Il n'y a rien que je ne fisse pour vous.

75 **M. DIMANCHE.** Monsieur, vous avez trop de bonté pour
moi.

DOM JUAN. Et cela sans intérêt, je vous prie de le croire.

M. DIMANCHE. Je n'ai point mérité cette grâce assurément. Mais, Monsieur…

80 **DOM JUAN.** Oh çà, Monsieur Dimanche, sans façon,
voulez-vous souper avec moi ?

M. DIMANCHE. Non, Monsieur, il faut que je m'en
retourne tout à l'heure. Je…

DOM JUAN, *se levant.* Allons, vite un flambeau pour
85 conduire M. Dimanche, et que quatre ou cinq de mes
gens prennent des mousquetons pour l'escorter.

M. DIMANCHE, *se levant de même.* Monsieur, il n'est pas
nécessaire, et je m'en irai bien tout seul. Mais…

---

6. **Nous ne saurions en chevir :** nous ne saurions en venir à bout. Chevir
signifie « être maître de quelqu'un, de quelque chose » (Furetière).

Sganarelle ôte les sièges promptement.

DOM JUAN. Comment ? Je veux qu'on vous escorte, et je 90
m'intéresse trop à votre personne. Je suis votre serviteur,
et de plus votre débiteur.

M. DIMANCHE. Ah ! Monsieur…

DOM JUAN. C'est une chose que je ne cache pas, et je le
dis à tout le monde. 95

M. DIMANCHE. Si…

DOM JUAN. Voulez-vous que je vous reconduise ?

M. DIMANCHE. Ah ! Monsieur, vous vous moquez. Monsieur…

DOM JUAN. Embrassez-moi[7] donc, s'il vous plaît. Je vous 100
prie encore une fois d'être persuadé que je suis tout à
vous, et qu'il n'y a rien au monde que je ne fisse pour
votre service. *(Il sort.)*

SGANARELLE. Il faut avouer que vous avez en Monsieur
un homme qui vous aime bien. 105

M. DIMANCHE. Il est vrai ; il me fait tant de civilités et
tant de compliments, que je ne saurais jamais lui demander de l'argent.

SGANARELLE. Je vous assure que toute sa maison périrait
pour vous ; et je voudrais qu'il vous arrivât quelque 110
chose, que quelqu'un s'avisât de vous donner des coups
de bâton : vous verriez de quelle manière…

M. DIMANCHE. Je le crois ; mais, Sganarelle, je vous prie
de lui dire un petit mot de mon argent.

SGANARELLE. Oh ! ne vous mettez pas en peine, il vous 115
payera le mieux du monde.

M. DIMANCHE. Mais vous, Sganarelle, vous me devez
quelque chose en votre particulier.

SGANARELLE. Fi ! ne parlez pas de cela.

M. DIMANCHE. Comment ? Je… 120

---

7. **Embrassez-moi :** prenez-moi dans vos bras (accolade d'époque).

SGANARELLE. Ne sais-je pas bien que je vous dois ?

M. DIMANCHE. Oui, mais...

SGANARELLE. Allons, Monsieur Dimanche, je vais vous éclairer.

125 **M. DIMANCHE.** Mais mon argent...

SGANARELLE, *prenant M. Dimanche par le bras.* Vous moquez-vous ?

M. DIMANCHE. Je veux...

SGANARELLE, *le tirant.* Eh !

130 **M. DIMANCHE.** J'entends...

SGANARELLE, *le poussant.* Bagatelles.

M. DIMANCHE. Mais...

SGANARELLE, *le poussant.* Fi !

M. DIMANCHE. Je...

135 **SGANARELLE,** *le poussant tout à fait hors du théâtre.* Fi ! vous dis-je.

Scène 4 Dom Louis, Dom Juan,
La Violette, Sganarelle

La Violette. Monsieur, voilà Monsieur votre père.

Dom Juan. Ah ! me voici bien : il me fallait cette visite
pour me faire enrager.

Dom Louis. Je vois bien que je vous embarrasse, et que
vous vous passeriez fort aisément de ma venue. À dire
vrai, nous nous incommodons étrangement[1] l'un et
l'autre ; et si vous êtes las de me voir, je suis bien las
aussi de vos déportements[2]. Hélas ! que nous savons peu
ce que nous faisons quand nous ne laissons pas au Ciel
le soin des choses qu'il nous faut, quand nous voulons
être plus avisés que lui, et que nous venons à l'impor-
tuner par nos souhaits aveugles et nos demandes
inconsidérées ! J'ai souhaité un fils avec des ardeurs
nonpareilles[3] ; je l'ai demandé sans relâche avec des
transports incroyables ; et ce fils, que j'obtiens en fati-
guant le Ciel de vœux, est le chagrin et le supplice de
cette vie même dont je croyais qu'il devait être la joie et
la consolation. De quel œil, à votre avis, pensez-vous que
je puisse voir cet amas d'actions indignes, dont on a
peine, aux yeux du monde, d'adoucir le mauvais visage[4],
cette suite continuelle de méchantes affaires, qui nous
réduisent, à toutes heures, à lasser les bontés du Souverain, et qui ont épuisé auprès de lui le mérite de mes
services et le crédit de mes amis ? Ah ! quelle bassesse
est la vôtre ! Ne rougissez-vous point de mériter si peu
votre naissance ? Êtes-vous en droit, dites-moi, d'en tirer

---

1. **Étrangement :** extrêmement.
2. **Vos déportements :** « conduite et manière de vivre […] On le dit en
   bonne et mauvaise part » (Furetière).
3. **Des ardeurs nonpareilles :** un désir sans égal.
4. **Le mauvais visage :** la mauvaise apparence.

quelque vanité ? Et qu'avez-vous fait dans le monde pour
être gentilhomme ? Croyez-vous qu'il suffise d'en porter
le nom et les armes[5], et que ce nous soit une gloire d'être
30 sorti d'un sang noble lorsque nous vivons en infâmes ?
Non, non, la naissance n'est rien où la vertu n'est pas.
Aussi nous n'avons part à la gloire de nos ancêtres
qu'autant que nous nous efforçons de leur ressembler ;
et cet éclat de leurs actions qu'ils répandent sur nous,
35 nous impose un engagement de leur faire le même honneur, de suivre les pas qu'ils nous tracent, et de ne point
dégénérer de leurs vertus, si nous voulons être estimés
leurs véritables descendants. Ainsi vous descendez en
vain des aïeux dont vous êtes né : ils vous désavouent
40 pour leur sang[6], et tout ce qu'ils ont fait d'illustre ne
vous donne aucun avantage ; au contraire, l'éclat n'en
rejaillit sur vous qu'à votre déshonneur, et leur gloire est
un flambeau qui éclaire aux yeux d'un chacun la honte
de vos actions. Apprenez enfin qu'un gentilhomme qui
45 vit mal est un monstre dans la nature, que la vertu est le
premier titre de noblesse, que je regarde bien moins au
nom qu'on signe qu'aux actions qu'on fait, et que je
ferais plus d'état du fils[7] d'un crocheteur[8] qui serait
honnête homme, que du fils d'un monarque qui vivrait
50 comme vous.

DOM JUAN. Monsieur, si vous étiez assis, vous en seriez
mieux pour parler.

DOM LOUIS. Non, insolent, je ne veux point m'asseoir, ni
parler davantage, et je vois bien que toutes mes paroles
55 ne font rien sur ton âme. Mais sache, fils indigne, que la
tendresse paternelle est poussée à bout par tes actions,

---

5. **Porter le nom et les armes :** porter le nom et les armoiries.
6. **Ils vous désavouent pour leur sang :** ils ne vous reconnaissent pas
   comme un de leur famille.
7. **Je ferais plus d'état :** j'aurais plus d'estime.
8. **Un crocheteur :** un portefaix (celui qui porte les fardeaux avec un
   crochet).

que je saurai, plus tôt que tu ne penses, mettre une borne
à tes dérèglements, prévenir sur toi le courroux du Ciel[9],
et laver par ta punition la honte de t'avoir fait naître.
(Il sort.)

---

9. **Prévenir sur toi le courroux du Ciel :** te punir avant que le Ciel ne
le fasse.

Scène 5 DOM JUAN, SGANARELLE

DOM JUAN. Eh ! mourez le plus tôt que vous pourrez, c'est le mieux que vous puissiez faire. Il faut que chacun ait son tour, et j'enrage de voir des pères qui vivent autant que leurs fils. *(Il se met dans son fauteuil.)*

5 **SGANARELLE.** Ah ! Monsieur, vous avez tort.

DOM JUAN. J'ai tort ?

SGANARELLE. Monsieur…

DOM JUAN *se lève de son siège.* J'ai tort ?

SGANARELLE. Oui, Monsieur, vous avez tort d'avoir souf-
10 fert ce qu'il vous a dit, et vous le deviez mettre dehors par les épaules. A-t-on jamais rien vu de plus impertinent ? Un père venir faire des remontrances à son fils, et lui dire de corriger ses actions, de se ressouvenir de sa naissance, de mener une vie d'honnête homme, et cent autres sotti-
15 ses de pareille nature ! Cela se peut-il souffrir à[1] un homme comme vous, qui savez comme il faut vivre ? J'admire votre patience ; et si j'avais été en votre place, je l'aurais envoyé promener. *(À part.)* Ô complaisance mau- dite ! à quoi me réduis-tu ?

20 **DOM JUAN.** Me fera-t-on souper bientôt ?

---

1. **Cela se peut-il souffrir à :** est-il tolérable que ?

Clefs d'analyse

Acte IV, scènes 1 à 5.

Compréhension

Une continuité nette

- Observer la continuité de l'action entre la fin de l'acte III et le début de l'acte IV (commentaire sur la Statue en IV, 1).
- Observer la continuité des visites.
- Observer la continuité des rappels inefficaces.

Un héros qui ne se souvient de rien

- Examiner la manière négligente dont Dom Juan écarte le souvenir de la Statue (IV, 1).
- Examiner la manière rusée dont le héros éconduit M. Dimanche (IV, 2 et 3).
- Examiner la manière impitoyable dont Dom Juan rejette son père et sa famille (IV, 4 et 5).

Réflexion

Les dettes

- Analyser le sens de la dette financière du héros (IV, 2 et 3).
- Analyser le sens de la dette familiale du héros (IV, 4 et 5).
- Analyser les principes que rappelle le père du héros (IV, 4).

Comique et tragique

- Expliquer ce qui apparente le jeu avec M. Dimanche à une tromperie de farce (IV, 2 et 3).
- Étudier ce qui apparente la tirade de Dom Louis à une tirade tragique.
- Relever et interpréter les revirements comiques de Sganarelle.
- Étudier le rôle important de l'espace et des objets.

À retenir :
Il est dans la tradition de la comédie d'utiliser des éléments de la vie ordinaire : questions d'argent, relations difficiles aux parents, rôle des objets... Molière en fait ici un usage insolent.

DOM JUAN

VARLET DE LA GRANGE
COMÉDIEN DU ROY

La Grange, comédien de la troupe de Molière,
dans le rôle de Dom Juan. Gravure de F. Hillemacher, 1875.

Scène 6 DOM JUAN, DONE ELVIRE, RAGOTIN, SGANARELLE

RAGOTIN. Monsieur, voici une dame voilée qui vient vous parler.

DOM JUAN. Que pourrait-ce être ?

SGANARELLE. Il faut voir.

DONE ELVIRE. Ne soyez point surpris, Dom Juan, de me voir à cette heure et dans cet équipage. C'est un motif pressant qui m'oblige à cette visite, et ce que j'ai à vous dire ne veut point du tout de retardement. Je ne viens point ici pleine de ce courroux que j'ai tantôt fait éclater, et vous me voyez bien changée de ce que j'étais ce matin. Ce n'est plus cette Done Elvire qui faisait des vœux contre vous, et dont l'âme irritée ne jetait que menaces et ne respirait que vengeance. Le Ciel a banni de mon âme toutes ces indignes ardeurs que je sentais pour vous, tous ces transports tumultueux d'un attachement criminel, tous ces honteux emportements d'un amour terrestre et grossier ; et il n'a laissé dans mon cœur pour vous qu'une flamme épurée de tout le commerce des sens[1], une tendresse toute sainte, un amour détaché de tout, qui n'agit point pour soi, et ne se met en peine que de votre intérêt.

DOM JUAN, *à Sganarelle.* Tu pleures, je pense.

SGANARELLE. Pardonnez-moi.

DONE ELVIRE. C'est ce parfait et pur amour qui me conduit ici pour votre bien, pour vous faire part d'un avis du Ciel, et tâcher de vous retirer du précipice où vous courez. Oui, Dom Juan, je sais tous les dérèglements de votre vie, et ce même Ciel qui m'a touché le cœur et fait jeter les yeux sur les égarements de ma conduite, m'a ins-

---

1. **Une flamme épurée de tout le commerce des sens :** un amour détaché de toute relation sensuelle.

piré de vous venir trouver, et de vous dire, de sa part, que
30 vos offenses ont épuisé sa miséricorde, que sa colère
redoutable est prête de[2] tomber sur vous, qu'il est en
vous[3] de l'éviter par un prompt repentir, et que peut-être
vous n'avez pas encore un jour à vous pouvoir soustraire
au plus grand de tous les malheurs. Pour moi, je ne tiens
35 plus à vous par aucun attachement du monde ; je suis
revenue, grâces au Ciel, de toutes mes folles pensées ; ma
retraite est résolue, et je ne demande qu'assez de vie pour
pouvoir expier la faute que j'ai faite, et mériter, par une
austère pénitence, le pardon de l'aveuglement où m'ont
40 plongée les transports d'une passion condamnable. Mais,
dans cette retraite, j'aurais une douleur extrême qu'une
personne que j'ai chérie tendrement devînt un exemple
funeste de la justice du Ciel ; et ce me sera une joie
incroyable si je puis vous porter à détourner de dessus
45 votre tête l'épouvantable coup qui vous menace. De
grâce, Dom Juan, accordez-moi, pour dernière faveur,
cette douce consolation ; ne me refusez point votre salut,
que je vous demande avec larmes ; et si vous n'êtes point
touché de votre intérêt, soyez-le au moins de mes prières,
50 et m'épargnez le cruel déplaisir[4] de vous voir condamner
à des supplices éternels.

SGANARELLE. Pauvre femme !

DONE ELVIRE. Je vous ai aimé avec une tendresse
extrême, rien au monde ne m'a été si cher que vous ; j'ai
55 oublié mon devoir pour vous, j'ai fait toutes choses pour
vous ; et toute la récompense que je vous en demande,
c'est de corriger votre vie, et de prévenir votre perte[5].
Sauvez-vous, je vous prie, ou pour l'amour de vous, ou
pour l'amour de moi. Encore une fois, Dom Juan, je vous
60 le demande avec larmes ; et si ce n'est assez des larmes

---

2. **Prête de :** sur le point de.
3. **Il est en vous :** il dépend de vous.
4. **M'épargnez le cruel déplaisir :** épargnez-moi le désespoir.
5. **Prévenir votre perte :** empêcher votre perte.

d'une personne que vous avez aimée, je vous en conjure par tout ce qui est le plus capable de vous toucher.

SGANARELLE. Cœur de tigre !

DONE ELVIRE. Je m'en vais, après ce discours, et voilà tout ce que j'avais à vous dire. 65

DOM JUAN. Madame, il est tard, demeurez ici : on vous y logera le mieux qu'on pourra.

DONE ELVIRE. Non, Dom Juan, ne me retenez pas davantage.

DOM JUAN. Madame, vous me ferez plaisir de demeurer, 70 je vous assure.

DONE ELVIRE. Non, vous dis-je, ne perdons point de temps en discours superflus. Laissez-moi vite aller, ne faites aucune instance[6] pour me conduire, et songez seulement à profiter de mon avis. 75

---

6. **Ne faites aucune instance pour me conduire :** ne faites aucune démarche pour me reconduire.

Scène 7

Dom Juan. Sais-tu bien que j'ai encore senti quelque peu d'émotion pour elle, que j'ai trouvé de l'agrément dans cette nouveauté bizarre, et que son habit négligé, son air languissant et ses larmes ont réveillé en moi quelques petits restes d'un feu éteint ?

Sganarelle. C'est-à-dire que ses paroles n'ont fait aucun effet sur vous.

Dom Juan. Vite à souper.

Sganarelle. Fort bien.

Dom Juan, *se mettant à table.* Sganarelle, il faut songer à s'amender[1] pourtant.

Sganarelle. Oui dea[2] !

Dom Juan. Oui, ma foi ! Il faut s'amender ; encore vingt ou trente ans de cette vie-ci, et puis nous songerons à nous.

Sganarelle. Oh !

Dom Juan. Qu'en dis-tu ?

Sganarelle. Rien. Voilà le souper.

Il prend un morceau d'un des plats qu'on apporte, et le met dans sa bouche.

Dom Juan. Il me semble que tu as la joue enflée ; qu'est-ce que c'est ? Parle donc, qu'as-tu là ?

Sganarelle. Rien.

Dom Juan. Montre un peu. Parbleu ! c'est une fluxion qui lui est tombée sur la joue. Vite une lancette pour percer cela. Le pauvre garçon n'en peut plus, et cet abcès le pourrait étouffer. Attends : voyez comme il était mûr. Ah ! coquin que vous êtes !

---

1. **S'amender :** se corriger.
2. **Oui dea :** pour « oui da ». Forme appuyée d'approbation.

SGANARELLE. Ma foi ! Monsieur, je voulais voir si votre cuisinier n'avait point mis trop de sel ou trop de poivre.

DOM JUAN. Allons, mets-toi là, et mange. J'ai affaire de toi[3] quand j'aurai soupé. Tu as faim, à ce que je vois.

SGANARELLE *se met à table.* Je le crois bien, Monsieur : je n'ai point mangé depuis ce matin. Tâtez de cela, voilà qui est le meilleur du monde. *(Un laquais ôte les assiettes de Sganarelle d'abord[4] qu'il y a dessus à manger.)* Mon assiette, mon assiette ! tout doux, s'il vous plaît. Vertu-bleu ! petit compère, que vous êtes habile à donner des assiettes nettes[5] ! et vous, petit la Violette, que vous savez présenter à boire à propos !

Pendant qu'un laquais donne à boire à Sganarelle, l'autre laquais ôte encore son assiette.

DOM JUAN. Qui peut frapper de cette sorte ?

SGANARELLE. Qui diable nous vient troubler dans notre repas ?

DOM JUAN. Je veux souper en repos au moins, et qu'on ne laisse entrer personne.

SGANARELLE. Laissez-moi faire, je m'y en vais moi-même.

DOM JUAN. Qu'est-ce donc ? Qu'y a-t-il ?

SGANARELLE, *baissant la tête comme a fait la Statue.* Le… qui est là !

DOM JUAN. Allons voir, et montrons que rien ne me saurait ébranler.

SGANARELLE. Ah ! pauvre Sganarelle, où te cacheras-tu ?

---

3. **J'ai affaire de toi :** j'ai besoin de toi.
4. **D'abord :** dès que.
5. **Donner des assiettes nettes :** vider les assiettes.

Scène 8 DOM JUAN,
LA STATUE DU COMMANDEUR,
qui vient se mettre à table,
SGANARELLE, SUITE

DOM JUAN. Une chaise et un couvert, vite donc. *(À Sganarelle.)* Allons, mets-toi à table.

SGANARELLE. Monsieur, je n'ai plus de faim.

DOM JUAN. Mets-toi là, te dis-je. À boire. À la santé du Commandeur : je te la porte[1], Sganarelle. Qu'on lui donne du vin.

SGANARELLE. Monsieur, je n'ai pas soif.

DOM JUAN. Bois, et chante ta chanson, pour régaler[2] le Commandeur.

SGANARELLE. Je suis enrhumé, Monsieur.

DOM JUAN. Il n'importe. Allons. Vous autres, venez, accompagnez sa voix.

LA STATUE. Dom Juan, c'est assez. Je vous invite à venir demain souper avec moi. En aurez-vous le courage ?

DOM JUAN. Oui, j'irai, accompagné du seul Sganarelle.

SGANARELLE. Je vous rends grâce, il est demain jeûne pour moi.

DOM JUAN, *à Sganarelle*. Prends ce flambeau.

LA STATUE. On n'a pas besoin de lumière, quand on est conduit par le Ciel.

---

1. **Je te la porte :** trinquons.
2. **Régaler :** fêter.

Clefs d'analyse

Acte IV, scènes 6, 7 et 8.

Compréhension

Le retour d'Elvire et de la Statue

- Confronter cette seconde entrée en scène d'Elvire (IV, 6) et la première (I, 3) – transformation purifiée du personnage.
- Confronter cette deuxième apparition de la Statue (IV, 8) et sa première présentation (III, 5) – dramatisation par la marche et la parole.

Le festin manqué

- Observer la mention répétée d'un repas contrarié, retardé, détourné (IV, 6, 7 et 8).
- Remarquer l'étranglement progressif du personnage comique, Sganarelle, réduit de plus en plus au silence.

Réflexion

Montée de l'émotion

- Analyser les marques lyriques de la passion chez Elvire à travers le vocabulaire du sentiment et le rythme musical de sa parole (IV, 6).
- Analyser les effets angoissants de la venue de la Statue : l'attente, le silence, l'ombre, la parole mystérieuse (IV, 7 et 8).

Provocations de Dom Juan

- Relever et analyser les commentaires cyniques de Dom Juan sur la venue d'Elvire (IV, 6 et 7).
- Examiner et interpréter la fermeté de Dom Juan au moment de l'arrivée de la Statue (IV, 7 et 8).

À retenir :

Le mythe de Dom Juan, au regard de ses sous-titres – « l'invité de pierre », « le festin de pierre » – semble mettre en rapport une sorte de gourmandise de repas et la punition de la mort sous la forme d'une Statue. Molière ne déroge pas à cette tradition à la fin de l'acte IV de son Dom Juan.

Synthèse Acte IV

Des rebondissements sédentaires

Personnages

Dom Juan chez lui

Dom Juan, réfugié chez lui et refusant de croire au signe qu'il a reçu (scène 1), accueille successivement une série d'hôtes qu'il entend mettre à la porte. Chez Molière, la séduction masculine consiste à chasser autrui hors de chez soi, quand la séduction féminine consiste, au contraire, à attirer ses conquêtes chez soi (voir la coquette Célimène et son salon, dans la pièce suivante, *Le Misanthrope*). Le héros est pressé de renvoyer tous les importuns (comme dans une autre pièce de Molière, *Les Fâcheux*). L'acte est construit sur le mode comique du souper retardé : se nourrir sur scène est un manquement à la règle classique de « bienséance » et un signe de l'appétit sensuel – contrarié – du héros. La contrariété s'amplifie d'une scène à l'autre : Dom Juan peut, en le payant de mots, expulser adroitement son créancier qui n'arrive pas à se faire rembourser ce qui lui est dû (scènes 2 et 3). Le ton se durcit avec l'arrivée plus noble et solennelle, pleine de reproches, du père du héros (scène 4). La comédie touche à l'émotion quand Done Elvire vient pardonner et cherche à sauver son séducteur (scène 5). La terreur rôde même quand la Statue du Commandeur s'invite à dîner dans la dernière scène de l'acte. Le héros affiche ainsi successivement son indifférence à ses engagements financiers, à son appartenance familiale, à la voix de l'amour pur, à la parole du Ciel...

Langage

Entre rire et angoisse

L'acte IV, plus que les autres, témoigne de la variété des registres possibles du genre de la comédie (voir « L'œuvre et son genre », pages 136-139). La première scène joue le rôle de transition entre les actes III et IV, puis on assiste à une alternance continuelle du rire et de la gravité : scènes bouffonnes du bourgeois dupé par un noble (ce sera l'argument du *Bourgeois gentilhomme*) dans les scènes 2 et 3 ; scènes d'affrontement entre un père et un fils – si le conflit est comique, il est traité plus noblement ici et l'on touche à la tragi-comédie de type cornélien – à la scène 4 ; scène lyrique et pathétique d'une grande amoureuse sanctifiée cherchant à préserver le salut de l'homme qu'elle aime, à la scène 6 ; scène à la lisière du fantastique enfin, où une statue se déplace et parle (dernière scène et point d'orgue de l'acte). En contrepoint, les revirements, les gourmandises, les lâchetés et les grimaces de Sganarelle, de moins en moins bavard, rendent le rire plus grinçant.

Société

Maître et valet au XVIIe siècle

Le personnage de Sganarelle remplit le rôle théâtral de valet, d'auxiliaire et de confident du héros. Il permet à Dom Juan de parler et d'agir, mais il sert aussi de faire-valoir et de détente comique dans la pièce ; il a pour équivalent Arlequin dans la commedia dell'arte, et le *gracioso*, le bouffon, de la comédie baroque espagnole. Dom Juan lui demande sa complicité, lui souffle même des paroles à sa place (à l'acte I, pour humilier Done Elvire, à l'acte III et à l'acte IV, pour défier la Statue du Commandeur). Mais, à mesure que Sganarelle devient silencieux, c'est le rire qui s'étrangle. S'il a une fonction précise dans la pièce, il témoigne également de la sujétion des domestiques au XVIIe siècle. Quel que soit le franc-parler des valets et plus souvent des servantes, chez Molière, ils sont sommés, au XVIIe siècle, de se soumettre – ici de se rétracter et de se taire, même quand ils parlent le langage de l'évidence.

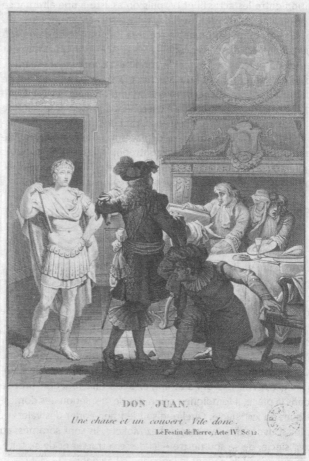

DON JUAN.

Une chaise et un couvert. Vite donc.

Le Festin de Pierre, Acte IV. Sc. 12.

Gravure illustrant le Festin de pierre, par Jean-François Ribault.

ACTE V[1]

Scène 1   DOM LOUIS, DOM JUAN, SGANARELLE

DOM LOUIS. Quoi ? mon fils, serait-il possible que la bonté du Ciel eût exaucé mes vœux ? Ce que vous me dites est-il bien vrai ? Ne m'abusez-vous point d'un faux espoir, et puis-je prendre quelque assurance sur la nouveauté surprenante d'une telle conversion[2] ?

DOM JUAN, *faisant l'hypocrite.* Oui, vous me voyez revenu de toutes mes erreurs ; je ne suis plus le même d'hier au soir, et le Ciel tout d'un coup a fait en moi un changement qui va surprendre tout le monde : il a touché mon âme et dessillé mes yeux[3], et je regarde avec horreur le long aveuglement où j'ai été, et les désordres criminels de la vie que j'ai menée. J'en repasse dans mon esprit toutes les abominations, et m'étonne comme le Ciel les a pu souffrir[4] si longtemps, et n'a pas vingt fois sur ma tête laissé tomber les coups de sa justice redoutable. Je vois les grâces que sa bonté m'a faites en ne me punissant point de mes crimes ; et je prétends en profiter comme je dois, faire éclater[5] aux yeux du monde un soudain changement de vie, réparer par-là le scandale[6] de mes actions passées, et m'efforcer d'en obtenir du Ciel une pleine rémission[7]. C'est à quoi je vais travailler ; et je vous prie,

---

1. Le décor est une ville, avec une porte de ville : lieu ouvert propice aux dernières rencontres.
2. **Conversion :** retournement vers Dieu, « action par laquelle une chose ou une personne se met en un autre état, ou se voit en un autre sens » (Furetière).
3. **Dessillé mes yeux :** ouvert mes yeux.
4. **Je m'étonne comme le Ciel a pu les souffrir :** je m'étonne de ce que le Ciel ait pu les supporter.
5. **Faire éclater :** rendre public.
6. **Le scandale :** l'exemple qu'on donne du péché, l'incitation au péché.
7. **Une pleine rémission :** un entier pardon.

Monsieur, de vouloir bien contribuer à ce dessein, et de m'aider vous-même à faire choix d'une personne qui me serve de guide[8], et sous la conduite de qui je puisse mar-
25 cher sûrement dans le chemin où je m'en vais entrer.

DOM LOUIS. Ah ! mon fils, que la tendresse d'un père est aisément rappelée, et que les offenses d'un fils s'évanouis-sent vite au moindre mot de repentir ! Je ne me souviens plus déjà de tous les déplaisirs que vous m'avez donnés,
30 et tout est effacé par les paroles que vous venez de me faire entendre. Je ne me sens pas[9], je l'avoue ; je jette des larmes de joie ; tous mes vœux sont satisfaits, et je n'ai plus rien désormais à demander au Ciel. Embrassez-moi, mon fils, et persistez, je vous conjure, dans cette louable
35 pensée. Pour moi, j'en vais tout de ce pas porter l'heu-reuse nouvelle à votre mère, partager avec elle les doux transports du ravissement où je suis, et rendre grâce au Ciel des saintes résolutions qu'il a daigné vous inspirer.

---

8. **Une personne qui me serve de guide :** un directeur de conscience.
9. **Je ne me sens pas :** je suis fou de joie.

Scène 2 Dom Juan, Sganarelle

SGANARELLE. Ah ! Monsieur, que j'ai de joie de vous voir converti ! Il y a longtemps que j'attendais cela, et voilà, grâce au Ciel, tous mes souhaits accomplis.

DOM JUAN. La peste le benêt !

SGANARELLE. Comment, le benêt ?

DOM JUAN. Quoi ? tu prends pour de bon argent ce que je viens de dire, et tu crois que ma bouche était d'accord avec mon cœur ?

SGANARELLE. Quoi ? ce n'est pas… Vous ne… Votre… Oh ! quel homme ! quel homme ! quel homme !

DOM JUAN. Non, non, je ne suis point changé, et mes sentiments sont toujours les mêmes.

SGANARELLE. Vous ne vous rendez pas à la surprenante merveille de cette statue mouvante et parlante ?

DOM JUAN. Il y a bien quelque chose là-dedans que je ne comprends pas ; mais quoi que ce puisse être, cela n'est pas capable ni de convaincre mon esprit, ni d'ébranler mon âme ; et si j'ai dit que je voulais corriger ma conduite et me jeter dans un train de vie exemplaire, c'est un dessein que j'ai formé par pure politique[1], un stratagème utile, une grimace nécessaire où[2] je veux me contraindre, pour ménager un père dont j'ai besoin, et me mettre à couvert, du côté des hommes, de cent fâcheuses aventures qui pourraient m'arriver. Je veux bien, Sganarelle, t'en faire confidence, et je suis bien aise d'avoir un témoin du fond de mon âme et des véritables motifs qui m'obligent à faire les choses.

---

1. **Par pure politique :** par pur calcul.
2. **Une grimace nécessaire où :** une comédie nécessaire où…

ACTE V - Scène 2

SGANARELLE. Quoi ? vous ne croyez rien du tout, et vous voulez cependant vous ériger en homme de bien ?

25 **DOM JUAN.** Et pourquoi non ? Il y en a tant d'autres comme moi, qui se mêlent de ce métier, et qui se servent du même masque pour abuser le monde !

SGANARELLE. Ah ! quel homme ! quel homme !

DOM JUAN. Il n'y a plus de honte maintenant à cela :
30 l'hypocrisie est un vice à la mode, et tous les vices à la mode passent pour vertus. Le personnage d'homme de bien est le meilleur de tous les personnages qu'on puisse jouer aujourd'hui, et la profession d'hypocrite[3] a de merveilleux avantages. C'est un art de qui[4] l'imposture[5] est
35 toujours respectée ; et quoiqu'on la découvre, on n'ose rien dire contre elle. Tous les autres vices des hommes sont exposés à la censure[6], et chacun a la liberté de les attaquer hautement ; mais l'hypocrisie est un vice privilégié, qui, de sa main, ferme la bouche à tout le monde, et
40 jouit en repos d'une impunité souveraine. On lie, à force de grimaces, une société étroite avec tous les gens du parti[7]. Qui en choque un[8], se les jette tous sur les bras ; et ceux que l'on sait même agir de bonne foi là-dessus, et que chacun connaît pour être véritablement touchés[9],
45 ceux-là, dis-je, sont toujours les dupes des autres ; ils donnent hautement dans le panneau des grimaciers, et appuient aveuglément les singes de leurs actions. Combien crois-tu que j'en connaisse qui, par ce stratagème,

---

3. **La profession :** « déclaration publique et solennelle de sa religion, de sa croyance » (Furetière).
4. **De qui :** dont.
5. **L'imposture :** la tromperie. Le sous-titre du *Tartuffe* est « L'Imposteur ».
6. **La censure :** le blâme.
7. **Tous les gens du parti :** du parti des dévots.
8. **Qui en choque un :** celui qui en blesse un.
9. **Que chacun connaît pour être véritablement touchés :** que chacun sait être touchés d'une dévotion sincère.

ont rhabillé[10] adroitement les désordres de leur jeunesse, qui se sont fait un bouclier du manteau de la religion, et, sous cet habit respecté, ont la permission d'être les plus méchants hommes du monde ? On a beau savoir leurs intrigues et les connaître pour ce qu'ils sont, ils ne laissent pas pour cela d'être en crédit parmi les gens ; et quelque baissement de tête, un soupir mortifié[11], et deux roulements d'yeux rajustent dans le monde tout ce qu'ils peuvent faire. C'est sous cet abri favorable que je veux me sauver, et mettre en sûreté mes affaires. Je ne quitterai point mes douces habitudes ; mais j'aurai soin de me cacher et me divertirai à petit bruit. Que si je viens à être découvert, je verrai, sans me remuer, prendre mes intérêts à toute la cabale[12], et je serai défendu par elle envers et contre tous. Enfin c'est là le vrai moyen de faire impunément tout ce que je voudrai. Je m'érigerai en censeur des actions d'autrui, jugerai mal[13] de tout le monde, et n'aurai bonne opinion que de moi. Dès qu'une fois on m'aura choqué tant soit peu, je ne pardonnerai jamais et garderai tout doucement une haine irréconciliable. Je ferai[14] le vengeur des intérêts du Ciel, et, sous ce prétexte commode, je pousserai mes ennemis[15], je les accuserai d'impiété, et saurai déchaîner contre eux des zélés indiscrets[16], qui, sans connaissance de cause, crieront en public contre eux, qui les accableront d'injures, et les damneront hautement de leur autorité privée. C'est ainsi qu'il faut profiter des faiblesses des hommes, et qu'un sage esprit s'accommode aux vices de son siècle.

---

10. **Rhabillé :** dissimulé, réparé.
11. **Un soupir mortifié :** un soupir de pénitence.
12. **Je verrai […] la cabale :** je verrai tout le parti des dévots me défendre (la Cabale, nom historique des ennemis de Molière).
13. **Jugerai mal :** jugerai défavorablement.
14. **Je ferai :** je jouerai le rôle de.
15. **Je pousserai mes ennemis :** je harcèlerai mes ennemis (vocabulaire militaire).
16. **Des zélés indiscrets :** des fanatiques sans discernement.

SGANARELLE. Ô Ciel ! qu'entends-je ici ? Il ne vous man-
quait plus que d'être hypocrite pour vous achever de tout
point, et voilà le comble des abominations. Monsieur,
80 cette dernière-ci m'emporte[17] et je ne puis m'empêcher de
parler. Faites-moi tout ce qu'il vous plaira, battez-moi,
assommez-moi de coups, tuez-moi, si vous voulez : il faut
que je décharge mon cœur, et qu'en valet fidèle je vous
dise ce que je dois. Sachez, Monsieur, que tant va la
85 cruche à l'eau, qu'enfin elle se brise ; et comme dit fort
bien cet auteur que je ne connais pas, l'homme est en ce
monde ainsi que l'oiseau sur la branche ; la branche est
attachée à l'arbre ; qui s'attache à l'arbre, suit de bons préceptes ; les bons préceptes valent mieux que les belles
90 paroles ; les belles paroles se trouvent à la cour ; à la cour
sont les courtisans ; les courtisans suivent la mode ; la
mode vient de la fantaisie ; la fantaisie[18] est une faculté de
l'âme ; l'âme est ce qui nous donne la vie ; la vie finit par
la mort ; la mort nous fait penser au Ciel ; le ciel est au-
95 dessus de la terre ; la terre n'est point la mer ; la mer est
sujette aux orages ; les orages tourmentent les vaisseaux ;
les vaisseaux ont besoin d'un bon pilote ; un bon pilote a
de la prudence ; la prudence n'est point dans les jeunes
gens ; les jeunes gens doivent obéissance aux vieux ; les
100 vieux aiment les richesses ; les richesses font les riches ;
les riches ne sont pas pauvres ; les pauvres ont de la
nécessité[19] ; nécessité n'a point de loi ; qui n'a point de loi
vit en bête brute ; et, par conséquent, vous serez damné à
tous les diables.

105 **DOM JUAN.** Ô le beau raisonnement !

SGANARELLE. Après cela, si vous ne vous rendez, tant pis
pour vous.

---

17. **M'emporte :** me pousse à bout.
18. **La fantaisie :** l'imagination, le délire.
19. **Ont de la nécessité :** manquent de tout.

Scène 3 Dom Carlos, Dom Juan,
Sganarelle

Dom Carlos. Dom Juan, je vous trouve à propos, et suis bien aise de vous parler ici plutôt que chez vous, pour vous demander vos résolutions. Vous savez que ce soin me regarde, et que je me suis en votre présence chargé de cette affaire. Pour moi, je ne le cèle point, je souhaite fort que les choses aillent dans la douceur ; et il n'y a rien que je ne fasse pour porter votre esprit à vouloir prendre cette voie, et pour vous voir publiquement confirmer à ma sœur le nom de votre femme[1].

Dom Juan, *d'un ton hypocrite.* Hélas ! je voudrais bien, de tout mon cœur, vous donner la satisfaction que vous souhaitez ; mais le Ciel s'y oppose directement : il a inspiré à mon âme le dessein de changer de vie, et je n'ai point d'autres pensées maintenant que de quitter entièrement tous les attachements du monde, de me dépouiller au plus tôt de toutes sortes de vanités, et de corriger désormais par une austère conduite tous les dérèglements criminels où m'a porté le feu d'une aveugle jeunesse.

Dom Carlos. Ce dessein, Dom Juan, ne choque point[2] ce que je dis ; et la compagnie d'une femme légitime peut bien s'accommoder avec les louables pensées que le Ciel vous inspire.

Dom Juan. Hélas ! point du tout. C'est un dessein que votre sœur elle-même a pris : elle a résolu sa retraite, et nous avons été touchés tous deux en même temps.

Dom Carlos. Sa retraite ne peut nous satisfaire, pouvant être imputée au mépris que vous feriez d'elle et de

---

1. **Vous voir [...] votre femme :** que vous confirmiez à ma sœur qu'elle est votre épouse.
2. **Ne choque point :** ne contredit pas.

notre famille ; et notre honneur demande qu'elle vive
30 avec vous.

DOM JUAN. Je vous assure que cela ne se peut. J'en avais,
pour moi, toutes les envies du monde, et je me suis même
encore aujourd'hui conseillé au Ciel[3] pour cela ; mais,
lorsque je l'ai consulté, j'ai entendu une voix qui m'a dit
35 que je ne devais point songer à votre sœur, et qu'avec elle
assurément je ne ferais point mon salut.

DOM CARLOS. Croyez-vous, Dom Juan, nous éblouir[4]
par ces belles excuses ?

DOM JUAN. J'obéis à la voix du Ciel.

40 **DOM CARLOS.** Quoi ? vous voulez que je me paye d'un
semblable discours ?

DOM JUAN. C'est le Ciel qui le veut ainsi.

DOM CARLOS. Vous aurez fait sortir ma sœur d'un
couvent, pour la laisser ensuite ?

45 **DOM JUAN.** Le Ciel l'ordonne de la sorte.

DOM CARLOS. Nous souffrirons cette tache en notre
famille ?

DOM JUAN. Prenez-vous-en au Ciel.

DOM CARLOS. Eh quoi ? toujours le Ciel ?

50 **DOM JUAN.** Le Ciel le souhaite comme cela.

DOM CARLOS. Il suffit, Dom Juan, je vous entends[5]. Ce
n'est pas ici que je veux vous prendre[6], et le lieu ne le
souffre pas ; mais, avant qu'il soit peu, je saurai vous
trouver.

55 **DOM JUAN.** Vous ferez ce que vous voudrez ; vous savez
que je ne manque point de cœur, et que je sais me servir
de mon épée quand il le faut. Je m'en vais passer tout à
l'heure dans cette petite rue écartée qui mène au grand

---

3. **Conseillé au Ciel :** conseillé auprès du Ciel.
4. **Nous éblouir :** faire illusion auprès de nous.
5. **Je vous entends :** j'ai compris votre tactique.
6. **Vous prendre :** me battre avec vous.

couvent ; mais je vous déclare, pour moi, que ce n'est point moi qui me veux battre : le Ciel m'en défend la pensée ; et si vous m'attaquez, nous verrons ce qui en arrivera.

DOM CARLOS. Nous verrons, de vrai, nous verrons.

Clefs d'analyse

Acte V, scènes 1, 2 et 3.

Compréhension

Retour des personnages nobles

- Confronter cette seconde entrée en scène du père noble (V, 1) et la première (IV, 4) – de la colère à la joie.
- Confronter ce second débat sur l'opportunité du duel (V, 3) et le premier débat (III, 4) – durcissement du ton.

Théorie et pratique de l'hypocrisie

- Relever les mots excessifs de Dom Juan (V, 1) qui traduisent la récitation d'un rôle (reprise du vocabulaire d'Elvire en IV, 6).
- Observer les marques de mauvaise foi manifeste du héros.
- Observer dans la scène 2 la nouvelle pratique de la tirade et du discours général – Dom Juan théoricien.

Réflexion

Le comble du vice

- Analyser la cruauté d'une fausse joie (V, 1).
- Analyser le goût de l'éloge paradoxal (V, 2).

L'art du théâtre

- Expliquer l'intérêt théâtral de jouer un numéro, celui de l'hypocrite (V, 1 et 3), et de le justifier (V, 2).
- Analyser l'importance du témoin presque muet : Sganarelle.
- Réfléchir au lien qui unit *Dom Juan* et *Le Tartuffe*.

À retenir :

« Hypocrite » a pour origine étymologique un mot grec qui signifie « comédien ». On voit tout le parti que Molière a pu tirer des différents sens du mot en montrant des comédiens haïssables parce qu'ils jouent la comédie dans la vie : Tartuffe... et Dom Juan.

Scène 4 DOM JUAN, SGANARELLE

SGANARELLE. Monsieur, quel diable de style prenez-vous là ? Ceci est bien pis que le reste, et je vous aimerais bien mieux encore comme vous étiez auparavant. J'espérais toujours de votre salut ; mais c'est maintenant que j'en désespère ; et je crois que le Ciel, qui vous a souffert jusques ici, ne pourra souffrir du tout cette dernière horreur.

DOM JUAN. Va, va, le Ciel n'est pas si exact[1] que tu penses ; et si toutes les fois que les hommes...

SGANARELLE. Ah ! Monsieur, c'est le Ciel qui vous parle, et c'est un avis qu'il vous donne.

DOM JUAN. Si le Ciel me donne un avis, il faut qu'il parle un peu plus clairement, s'il veut que je l'entende.

---

1. **Pas si exact :** pas si strict.

Scène 5

LE SPECTRE, *en femme voilée*. Dom Juan n'a plus qu'un moment à pouvoir profiter de la miséricorde du Ciel ; et s'il ne se repent ici[1], sa perte est résolue.

SGANARELLE. Entendez-vous, Monsieur ?

5 **DOM JUAN.** Qui ose tenir ces paroles ? Je crois connaître cette voix.

SGANARELLE. Ah ! Monsieur, c'est un spectre : je le reconnais au marcher[2].

DOM JUAN. Spectre, fantôme, ou diable, je veux voir ce
10 que c'est.

Le Spectre change de figure, et représente le Temps avec sa faux à la main.

SGANARELLE. Ô Ciel ! voyez-vous, Monsieur, ce changement de figure ?

15 **DOM JUAN.** Non, non, rien n'est capable de m'imprimer de la terreur[3], et je veux éprouver avec mon épée si c'est un corps ou un esprit.

Le Spectre s'envole dans le temps que[4] Dom Juan le veut frapper.

20 **SGANARELLE.** Ah ! Monsieur, rendez-vous à tant de preuves, et jetez-vous vite dans le repentir.

DOM JUAN. Non, non, il ne sera pas dit, quoi qu'il arrive, que je sois capable de me repentir. Allons, suis-moi.

---

1. **Ici :** maintenant.
2. **Au marcher :** à son pas.
3. **M'imprimer de la terreur :** me donner de la terreur.
4. **Dans le temps que :** au moment où.

Scène 6 LA STATUE, DOM JUAN, SGANARELLE

LA STATUE. Arrêtez, Dom Juan : vous m'avez hier donné parole de venir manger avec moi.

DOM JUAN. Oui. Où faut-il aller ?

LA STATUE. Donnez-moi la main.

DOM JUAN. La voilà.

LA STATUE. Dom Juan, l'endurcissement au péché[1] traîne[2] une mort funeste, et les grâces du Ciel que l'on renvoie ouvrent un chemin à sa foudre.

DOM JUAN. Ô Ciel ! que sens-je ? Un feu invisible me brûle, je n'en puis plus, et tout mon corps devient un brasier ardent. Ah !

Le tonnerre tombe avec un grand bruit et de grands éclairs sur Dom Juan ; la terre s'ouvre et l'abime ; et il sort de grands feux de l'endroit où il est tombé.

SGANARELLE. [Ah ! mes gages, mes gages !] Voilà par sa mort un chacun satisfait : Ciel offensé, lois violées, filles séduites, familles déshonorées, parents outragés, femmes mises à mal, maris poussés à bout, tout le monde est content. Il n'y a que moi seul de malheureux. [Mes gages, mes gages, mes gages !]

---

1. **L'endurcissement au péché :** l'habitude du péché.
2. **Traîne :** entraîne.

Clefs d'analyse

Acte V, scènes 4, 5 et 6.

Compréhension

Le crescendo final

- Observer la gradation des menaces sur Dom Juan (V, 4, 5 et 6).
- Remarquer l'intensité communiquée par la brièveté des scènes finales et de leurs répliques.

Des avertissements au châtiment

- Relever le vocabulaire de la condamnation judiciaire, morale et religieuse.
- Relever la part des mots et signes non verbaux qui marquent l'intervention finale du surnaturel.

Réflexion

Un dénouement à machine

- Expliquer et discuter la difficulté de ce dénouement spectaculaire (espace, éclairage, gestes, mouvements, ton).
- Expliquer la nécessité des paroles de Dom Juan dans la dernière scène, leur relation au spectacle (dire ce qu'on ne peut montrer).

Un dénouement ambigu

- Interpréter et discuter le sens de ce châtiment final.
- Expliquer la tirade finale de Sganarelle, le rôle du dernier mot : « Mes gages » – et les raisons de sa censure au XVIIe siècle.

À retenir :

Au XVIIe siècle, un dénouement réussi doit satisfaire à trois critères : il doit être rapide, complet (régler le sort de tous les personnages), et nécessaire, en étant appelé par tout ce qui précède dans la pièce, sans faire intervenir d'éléments nouveaux.
Le dénouement de Dom Juan *est évidemment complet et nécessaire à l'excès – mais il est peut-être... trop rapide pour ne pas poser de questions.*

DON JUAN.

DON JUAN.

Je souhaiterais qu'il y eut d'autres mondes, pour
y pouvoir étendre mes conquêtes amoureuses.

Acte I, sc II.

Costume de Dom Juan. Gravure, anonyme.

Synthèse Acte V

Un dénouement foudroyant

Personnages

Dom Juan en hypocrite, Dom Juan en enfer

Dernier rôle du héros – le plus infâme et le mieux vu sociale-
ment : celui de l'hypocrite. Alceste dans la pièce suivante
essaiera en vain de le dénoncer. Tartuffe, dans la pièce précédente, avait montré que l'hypocrisie religieuse et les appétits matériels n'étaient pas inconciliables, au contraire, l'une
servait les autres. Dom Juan simule donc la conversion subite,
la piété et le repentir, suscitant la fausse joie de son père
(scène 1), la méprise vite dénoncée de Sganarelle (scène 2),
l'embarras du frère d'Elvire le provoquant en duel – et dont il
accepte la proposition, non sans user des ressources de la
casuistique, subtilité spécieuse de certains raisonnements
religieux (scène 3). Après trois scènes assez longues et riches
en paroles, l'action s'accélère brutalement. Trois scènes très
brèves précipitent le dénouement. Le héros reçoit les derniers
signes du Ciel, et la Statue attendue du Commandeur
l'entraîne dans les flammes de l'enfer. Dom Juan vit et meurt
comme on vit et meurt au théâtre : dans l'instant de la représentation. Sganarelle, variante du coryphée des pièces antiques,
tire ensuite la leçon de cette « catastrophe ».

Langage

Parole de théâtre et grand spectacle

Les trois premières scènes sur l'hypocrisie mettent en évidence deux traitements du thème au théâtre : sa pratique et sa
mise en débat. Dom Juan fait l'hypocrite, il joue un rôle, et
c'est une figure exemplaire du comédien aux scènes 1 et 3. Il
explique et démonte l'hypocrisie ; c'est alors une figure de
commentateur paradoxal, de cynique et d'immoraliste dans la

scène 2. Jusqu'au bout, la comédie applique deux arts de la parole, très importants au XVIIe siècle, et ce sont les deux atouts de Dom Juan : l'art de la conversation (bien parler en société) et l'art de l'éloquence (bien parler en public). C'est un autre goût d'époque que satisfont les trois dernières scènes : l'usage visuel et spectaculaire des « machines », dont l'effet est garanti auprès du public.

Société

La comédie et le sacré

En 1665, Molière n'en a pas fini avec la querelle du *Tartuffe* et cherche encore sa revanche contre les dévots qui l'ont censuré. S'il fait ici de son Dom Juan un nouveau Tartuffe, c'est pour composer une nouvelle satire de ses ennemis. L'hypocrite, le faux dévot est maudit et damné. Mais ce théâtre n'est pas là pour moraliser exclusivement ou régler des comptes. Il est bien dit que les comptes ne sont pas tous réglés à la fin de la pièce... En donnant comme dernier mot à Sganarelle – personnage qu'il interprétait – le cri célèbre « Mes gages ! », sans préciser le destinataire de cette demande, l'auteur, revenant au thème trivial de l'argent, entend confirmer qu'il a bien fait une comédie – ce dont on peut sourire. Car ce dont on se désole à la fin, ce n'est pas d'une disparition... c'est d'un manque à gagner. La comédie peut bien suggérer la mort, à condition de la conjurer, de s'en échapper dans une ultime facétie – ainsi à la fin d'autres pièces de Molière, où les morts sont vraiment pour rire : *Les Fourberies de Scapin* ou *Le Malade imaginaire*. Le problème est que, dans *Dom Juan*, les valeurs sacrées sont mêlées à tout cela. Peut-on rire ou sourire de tout ? La question se pose encore aujourd'hui. Au XVIIe siècle, elle a été vite tranchée. C'était non.

POUR
APPROFONDIR

Genre, action, personnages

Genres et registres

L'héritage de la farce

La farce est cette petite pièce comique, d'une centaine de vers ou de lignes seulement, qui a trouvé son succès populaire au XVe et au XVIe siècle, en faisant rire par tous les moyens : comique de mot, de situation, de geste.

Dom Juan, pièce grave et parfois douloureuse, peut sembler aux antipodes de la farce. Pourtant, cette pièce s'inscrit encore dans cet héritage par deux aspects.

D'abord, comme les pièces précédentes, elle met en scène la « tromperie », situation par excellence de la farce (mari « cocu », femme infidèle). L'acte II met en évidence des situations de farce : la séduction d'une paysanne (II, 2), puis l'embarras du séducteur confronté aux deux rivales, ses conquêtes qui lui demandent de choisir : « Dom Juan entre les deux paysannes » pourrait encore être une situation de farce –, et le double jeu du personnage, disant symétriquement la même chose à l'une et à l'autre, relèvent des effets appuyés de celle-ci (II, 4).

Ensuite, la pièce touche au comique de farce par l'évocation crue des choses du corps et de l'argent. C'est Sganarelle qui est le porte-parole comique de ces questions d'intendance, lui qui, d'un bout à l'autre de la pièce, n'a de préoccupations que matérielles : éloge paradoxal du tabac au début et demande incongrue de ses « gages » à la fin de la pièce. L'acte III nous montre un personnage dont le raisonnement « a le nez cassé » alors qu'il essaie de s'élever vers l'abstraction (III, 1) ou qui invoque une excuse scatologique (le « purgatif ») pour justifier la lâcheté de sa fuite (III, 5). L'acte IV qui met en scène un repas différé participe du comique de la gourmandise, puisqu'on y voit Sganarelle tentant, la bouche pleine, de masquer ses appétits (IV, 7). Mais bien des scènes proviennent aussi de la farce alors que le valet n'en est que témoin : ainsi des soufflets répétés donnés à Pierrot, et du soufflet qui se trompe d'adresse (II, 3), ou de la manière rusée d'éconduire M. Dimanche venu réclamer son dû (IV, 3).

Comédie espagnole et comédie italienne

La comédie de Molière s'inspire des modèles antérieurs. Elle reprend des éléments de la *comedia* espagnole, comédie romanesque, qui s'organise en « journées » (et qui se distribue en tableaux, dans des espaces successifs). La *comedia* fait intervenir tous les milieux sociaux, des aristocrates au peuple – le *Dom Juan* de Molière également. Un personnage comme Sganarelle doit beaucoup au *gracioso* ou valet bouffon de la comédie espagnole. La *comedia* ne cherche pas exclusivement à être drôle mais intègre des scènes d'action : enlèvements, combats, duels, affrontements, et produit des effets dramatiques et pathétiques. Elle relève d'une esthétique baroque en ce qu'elle interroge le réel et l'imaginaire : elle présente, par là, une visée morale et religieuse, la réflexion sur l'au-delà. Dans *Dom Juan*, la Statue du Commandeur renvoie aux lois divines et à la nécessité de s'y soumettre.

À côté de cette influence espagnole, il faut noter l'imprégnation de la commedia dell'arte, comédie italienne, largement improvisée et destinée à faire rire : les lazzi (ou mots d'esprit), les gesticulations de Sganarelle, ses volte-face subites sont aussi marqués par les mouvements bouffons de la comédie d'inspiration italienne et populaire.

Pastorale et tragi-comédie

Le petit genre de la pastorale a eu son succès en France dans la première moitié du XVIIe siècle, où il correspondait à un divertissement de cour. Il met en scène une intrigue amoureuse dans une nature de convention. Tout l'acte II de *Dom Juan* détourne l'univers idyllique de la pastorale, entre bergers et bergères. Molière reprend ces amours dans un paysage naturel pour leur donner des accents plus franchement comiques.

La suite de la pièce relève davantage d'un autre genre, progressivement éclipsé à son tour, la tragi-comédie. La tragi-comédie est une pièce en cinq actes, en vers, mettant en scène des aventures nombreuses dans un univers noble : amours, rencontres, combats, tout semble placé sous le signe du hasard. Les pérégrinations et les rencontres dans la forêt à l'acte III, puis la venue de Dom Louis, le père de Dom Juan, à la scène 4 de l'acte IV, ont des accents de tragi-comédie. L'entrevue avec Dom Louis semble même inspirée par des modèles de père noble cornélien, avec le ton solennel d'usage et les sentences frappées dans des alexandrins blancs : « La naissance n'est rien où la vertu n'est pas. » Mais en proposant un siège, le personnage de Dom Juan – et Molière avec lui – fait retomber la scène dans la trivialité de la franche comédie.

Redéfinition de la comédie

Molière fait ainsi de *Dom Juan* une comédie singulière : en cinq actes mais en prose. L'auteur sacrifie aussi à un goût de son époque, celui des machines – la statue qui bouge, qui marche, qui parle, les feux de Bengale, le bruitage tonitruant et la trappe qui s'ouvre à la fin.

Molière hérite donc d'une tradition et s'en démarque. Il met bien en scène des « personnages de condition morale inférieure » – critère de la comédie –, en particulier un grand seigneur vicieux et un valet bouffon. Mais le personnage répréhensible ne fait aucunement rire, contrairement à ce qui se passe dans ses autres comédies : Arnolphe, Orgon et même Tartuffe étaient par moments très comiques. La pièce adopte bien aussi un niveau de langage « moyen » et des paroles diverses, et vise la correction des « vices des hommes », ici le libertinage et ses dégâts. Cependant, ce n'est pas le héros vicieux qui est ridicule, mais son double bouffon, Sganarelle,

Genre, action, personnages

qui doit, de surcroît, représenter la voix de la piété et du bon sens. Le message moral s'en trouve brouillé. Il n'est plus sûr que *Dom Juan* corrige vraiment le vice « par le rire ».

Les registres multiples

Il est bien difficile de définir un « registre » dans *Dom Juan*. Cela tient au langage différent de chaque personnage : Sganarelle et les paysans sont le plus souvent dans la tonalité comique, Done Elvire apporte une note pathétique et parfois lyrique, Dom Louis et les frères d'Elvire parlent un langage tragicomique, Dom Juan dessine sans cesse un contrepoint ironique, et la Statue du Commandeur donne à la pièce une dimension à la limite du tragique et du fantastique.

Il en résulte un changement constant de style : éloquence faussement didactique et tonalité héroï-comique – traitement décalé d'un sujet bas – chez Sganarelle (I, 1) ; revirements burlesques du valet et éloquence ironique de Dom Juan (I, 2 ; II, 5, III, 1 ; IV, 5 ; V, 2) ; pathétique d'Elvire et ironie de Dom Juan (I, 3) ; comique de mots des paysans et scène émouvante de dépit amoureux (II, 1) ; jeu ironique de la séduction et comique de mots avec les paysannes (II, 2 et II, 4) ; comique de geste – soufflets – et pathétique de la situation de Pierrot (II, 3) ; pathétique du Pauvre et ironie de Dom Juan (III, 2) ; commentaires de tragi-comédie sur le duel, l'honneur, et ironie sourde de Dom Juan (III, 3 ; III, 4 ; V, 3) ; comique de mots et de situation avec M. Dimanche (IV, 2 ; IV, 3) ; éloquence tragique de Dom Louis et réponse ironique de Dom Juan (IV, 4) ; accents pathétiques et lyriques de Done Elvire et commentaires ironiques de Dom Juan (IV, 6) ; accents pathétiques et joyeux de Dom Louis, et lyrisme ironique de Dom Juan (V, 1) ; traitement burlesque, mais aussi tragique et fantastique, des confrontations avec le surnaturel et en particulier avec la Statue du Commandeur (III, 4 ; IV, 7 ; IV, 8 ; V, 4 ; V, 5 ; V, 6).

Genre, action, personnages

Action et personnages

▌ L'action dispersée

Le héros n'a pas prise sur l'action, et la subit de manière apparemment désordonnée et arbitraire. On peut moins parler ici d'une « unité d'action » que d'une « unité de péril » (les dangers croissants courus par le héros). Contrairement à la tradition de la comédie, l'intrigue contrariée n'est pas un mariage – puisque ce mariage a déjà eu lieu et qu'il est bafoué. Au nom de l'unité de péril – un héros de plus en plus menacé –, chaque acte semble engager une nouvelle intrigue : recherche par Dom Juan d'une nouvelle proie (acte I), improvisation devant les paysannes (acte II), rencontres fortuites au fond d'une forêt (acte III), retour pressant des obligations passées (acte IV), jeu extrême de l'hypocrisie et châtiment final (acte V).

▌ Un espace changeant

L'action se passe, en principe, « en Sicile ». C'est la seule indication de lieu explicite. La géographie italienne est démentie cependant par le nom et par le langage de bien des personnages. M. Dimanche, le créancier de l'acte IV, a un nom bien français, comme les paysans de l'acte II, à commencer par Pierrot, dont la parole emprunte largement au patois d'Île-de-France. Le nom du grand personnage féminin qu'invente Molière, Elvire, appartient clairement à la dramaturgie française (Da Ponte et Mozart la transformeront en « Elvira », comme ils feront passer l'espagnol « Don Juan » dans l'italien « Don Giovanni »). On ne trouvera guère de consonances italiennes, puisque les autres personnages ont plutôt des noms espagnols (Dom Juan, Dom Louis, Dom Carlos...).

Pas plus qu'il n'y a de couleur locale italienne, il n'y a d'unité de lieu dans la pièce. L'ancienne unité de lieu était celle d'une ville et de ses environs. Molière en joue très librement dans *Dom Juan*. L'édition même du texte ne fixe pas l'endroit précis de l'action, mais on peut le déduire du dialogue et se référer aussi aux premières éditions « cartonnées » de la pièce, qui tenaient compte des représentations (d'où les indications en note pour les actes II, III, IV et V, marquant, chaque fois, un changement de lieu). À chaque acte correspond en effet un espace différent ; on peut même considérer qu'il y a six décors distincts dans la pièce puisqu'un changement à vue intervient au cours de l'acte III : on passe d'un paysage extérieur à l'intérieur du mausolée où se trouve la Statue du Commandeur. On est donc très loin de l'unité rigoureuse de lieu qui imposerait à l'action un espace, et un seul. Et cette diversité d'endroits dit la mobilité physique et affective, l'« inconstance » structurelle du héros. On passe aussi d'un espace neutre de rencontre, les abords ou l'entrée d'un palais au premier acte, à un espace sauvage et solennel, plongé dans l'ombre, la forêt et le mausolée du dernier acte. Dans *Dom Juan,* on glisse ainsi d'un cadre diurne (acte I et II) à un cadre nocturne (forêt et lieux clos ou sombres des trois derniers actes), soit d'un paysage de vie à un paysage de mort.

Un temps souple

Pas plus qu'il n'y a d'unité d'action et d'unité d'espace, il n'y d'unité de temps au sens strict dans *Dom Juan*. La règle des vingt-quatre heures n'y est pas observée. L'action s'étend au moins sur deux journées. À la scène 8 de l'acte IV, la Statue invite le héros à dîner le lendemain – et l'on sait la Statue très ponctuelle lorsqu'on la retrouve à la fin de l'acte suivant.

Et même, de l'acte I à l'acte IV, si c'est une seule journée qui s'écoule, elle serait remplie de tant d'événements qu'elle en paraîtrait invraisemblable.

De fait, la seule « vraisemblance » temporelle est celle de la durée de la représentation. Le temps perçu par le spectateur pendant chaque acte doit coïncider avec celui de la représentation de chaque scène – et le temps ne peut s'accélérer qu'entre les actes. D'où les quelques ellipses, entre l'acte I et

Genre, action, personnages

l'acte II – le temps d'un voyage maritime et d'un enlèvement manqué –, entre l'acte II et l'acte III – le temps d'un changement de costume et de l'exil dans la forêt –, entre l'acte III et l'acte IV – le temps du retour dans la maison de Dom Juan –, enfin entre l'acte IV et l'acte V – le temps d'un nouveau départ pour la forêt. Le seul temps perceptible de la pièce est celui du compte à rebours d'un homme en fuite, qui n'a plus que quelques heures à vivre, et qui veut l'ignorer.

Dom Juan, le rôle-titre

Le héros occupe donc presque toute la comédie qui porte son nom (il n'est absent que dans deux premières scènes de présentation, au début de l'acte I et de l'acte II). On suit le parcours d'un être à la fois désirant et traqué.

Le personnage se définit par son statut social prestigieux, entaché par son vice annoncé par Sganarelle : « un grand seigneur méchant homme ». C'est un noble qui abuse de son pouvoir non seulement sur les femmes qu'il rencontre, mais aussi sur son valet. Personnage qui s'arroge les privilèges de sa caste, l'impunité présumée, mais qui ne reconnaît aucun de ses devoirs. Son père le lui reproche au nom des lois familiales, morales et humaines. Dom Juan reste simplement fidèle aux coutumes guerrières de sa caste et à ce code de l'honneur qui le pousse à accepter l'affrontement, dans un combat inégal à l'épée, à l'acte III, ou même face au surnaturel qu'il a défié, dans les dernières scènes.

Son « vice » est la recherche effrénée de la séduction des femmes – le « donjuanisme » vient de là. Le héros use, à cet effet, de toutes les ressources de la parole : virtuose de l'improvisation et du langage efficace, il sait déployer tous les trésors de l'éloquence, de la conversation, mais aussi faire parler les autres ou les réduire au silence. En ce sens, il apparaît aussi comme l'image même du comédien ou de l'ironiste – l'ironie est son registre de prédilection –, au sens étymologique du mot. Il met en question toutes les autres paroles, et par là même amène à se demander quelle parole il faut prendre au sérieux.

Aristocrate dévoyé et danger public, séducteur et virtuose ironique de l'improvisation, le personnage est placé sous le sceau de l'ambiguïté, puisqu'il est condamnable – et condamné – sans être ridicule. Le personnage, surtout, ne se réduit pas à sa caractéristique connue : les conquêtes féminines. Le libertin Dom Juan n'a d'existence que par son aspect d'incrédule et de profanateur. Il est celui qui transgresse non seulement les lois humaines mais aussi les lois divines, puisqu'il s'en prend ouvertement au Ciel en défiant le sacré. Le personnage prend sens par rapport au temps, à la mort et à l'au-delà. Il est celui qui parie sur la vie présente, qui refuse toute possibilité de salut après la mort. Et c'est le fondement même du mythe auquel il a donné lieu.

Le valet comique, Sganarelle

L'ambiguïté de Dom Juan tient à la résistance qui lui est opposée par son valet. Il n'est guère possible de montrer au XVIIe siècle un valet supérieur à son maître. Et pourtant, c'est ce valet, Sganarelle, qui est le dépositaire des valeurs plus recommandables de la raison, de la religion et de la morale.

Sganarelle joue dès lors un rôle complexe dans la pièce, d'autant qu'il est presque tout le temps présent (tout comme son maître, il n'est absent que dans deux scènes) et qu'il a déjà un passé dans d'autres pièces de Molière – d'homme du peuple, drôle, grossier, qui cherche à s'élever par un savoir incertain. Dans *Dom Juan*, il assure d'abord la fonction d'auxiliaire du héros – il doit le servir malgré lui dans ses entreprises –, de confident et de porte-parole – il doit donner la réplique à son maître (I, 2 ; III, 1 ; IV, 5 ; V, 2), et parfois s'exprimer en son nom, devant Elvire ou la Statue (I, 3 ; III, 5 ; IV, 8). Il assure simultanément l'emploi du valet comique et constitue un contrepoint bouffon, par son langage ridicule, ses appétits primaires ou ses revirements très lâches. Il a pour fonction théâtrale de faire rire.

C'est d'autant plus grave que Sganarelle, homme de piété et de bon sens, a pour rôle de défendre les valeurs du XVIIe siècle. Molière met souvent en scène des figures de « raisonneurs », modérés et sages. Mais Sganarelle, bouffon, lâche et maladroit, est un raisonneur manqué, incapable de résister à l'impiété de son maître, incapable même de tenir un langage religieux et moral cohérent : il mêle piété et superstition (le Ciel et le « Moine bourru »), et développe des preuves de l'existence de Dieu qui s'effondrent d'elles-mêmes (III, 1 et V, 2). D'où l'indignation des détracteurs de Molière au XVIIe siècle, choqués de voir la cause divine aussi mal défendue.

Les personnages sacrés

Quelques personnages dans la pièce incarnent mieux que Sganarelle le devoir que refuse le héros.

Il s'agit d'abord du grand personnage féminin, inventé par Molière, Elvire. Elle correspond à ce qu'on nomme dans le répertoire la figure de la « grande amoureuse ». Elle rassemble tous les traits féminins et douloureux de la passion, de l'abandon, et du pardon final. Ses deux apparitions (I, 3 et IV, 6) sont donc très importantes. Elle incarne à la fois une éthique – l'amour, la fidélité, la piété, la dignité, l'esprit de sacrifice – et une esthétique – le langage digne et solennel, les registres pathétiques et lyriques, qui apportent de la beauté grave à la comédie.

Il s'agit ensuite du Pauvre, seul personnage humain qui résiste à la corruption et à la séduction de Dom Juan, et qui peut apparaître comme une figure sacrée de Dieu sur terre dans une scène audacieuse, qui fut censurée (III, 2).

Il s'agit enfin de la Statue du Commandeur. Contrairement à la tradition, Molière n'en fait pas le père tué d'une femme séduite

Genre, action, personnages

(Anna), et le personnage, un peu mystérieux et arbitraire, surgit tardivement dans la pièce, à la fin de l'acte III. Cette utilisation d'une « machine » – statue qui bouge et qui parle – met la mort en scène, marque les grandes étapes attendues, le défi lancé à la Statue, l'invitation et la contre-invitation, l'entraînement en enfer. Conformément à la tradition, cette figure surnaturelle de la vengeance frappe trois coups, dans ses trois apparitions graduelles et de plus en plus terribles, chaque fois en point d'orgue, en fin d'acte (III, 5 ; IV, 8 ; V, 6).

Les personnages nobles

Quelques personnages rappellent l'univers aristocratique de la tragi-comédie.

Tout d'abord le père de Dom Juan, Dom Louis Tenorio, figure exemplaire du « père noble » qui vient faire la leçon à son fils (IV, 4) avant de se réjouir, trop crédule, de la conversion de celui-ci (V, 1). Le personnage n'a pas le ridicule des pères bourgeois, souvent affectés d'un vice, des autres comédies de Molière. Il n'est pas pour autant très impressionnant puisque son plaidoyer pour les valeurs féodales et morales de respect de l'honneur et de la famille est balayé par une réplique de Dom Juan lors de sa première visite, et puisqu'il est abusé par la conversion feinte de celui-ci lors de sa seconde visite. Ce rappel du passé familial, noble, personnel – il a « fatigué le Ciel » de ses vœux pour avoir tardivement une descendance –, s'avère inopérant. Et il faut un autre « père », plus autoritaire et intraitable, pour châtier le fils criminel : la Statue du Commandeur.

Deux autres personnages semblent également sortis de l'univers de la tragi-comédie, voire du répertoire cornélien, les deux frères d'Elvire, Dom Carlos (III, 3 et 4, IV, 3) et Dom Alonse (III, 4). Le premier fait preuve d'élégance, d'honnêteté, de lucidité aussi face aux faux-fuyants de Dom Juan ; le second, plus intransigeant, paraît enfermé dans les codes aristocratiques d'autrefois et défend l'urgence du duel pour venger sa sœur.

Les personnages plus comiques ou secondaires

Quelques personnages, plus épisodiques encore, ont un petit rôle dramatique et assurent aussi une détente comique dans la pièce. C'est le cas de Pierrot, sauveur de Dom Juan, et battu par son bienfaiteur ingrat et rival sans pitié (II, 3). Le patois grossier du personnage, son amour sincère pour Charlotte, l'injustice de sa situation inspirent pourtant de la compassion. Autour de lui, deux paysannes naïves, Charlotte et Mathurine, également éblouies par la cour de Dom Juan, permettent au séducteur de se montrer en action au deuxième acte auprès d'une caste sociale qui lui est inférieure, preuve que toutes les femmes l'intéressent, quel que soit leur milieu. Le dédoublement des paysannes favorise une situation comique de difficulté et de double langage (II, 4). C'est une autre naïveté, celle de la bourgeoisie fascinée par la noblesse – quitte à se faire spolier – qu'incarne le créancier M. Dimanche au début de l'acte IV, preuve que la séduction de Dom Juan n'opère pas qu'auprès des femmes. On n'aurait garde enfin d'oublier quelques « utilités », personnages fugitifs qui ne servent que l'action et le dialogue : le personnage muet de Gusman, auprès duquel Sganarelle a tout loisir de briller ridiculement dans la première scène ; La Ramée, qui assure le rôle du messager à la fin de l'acte II ; La Violette, qui annonce les arrivées au début de l'acte V ; Ragotin, qui assure le service et l'intendance à la fin de l'acte IV. Ces personnages pittoresques, même lorsqu'ils ne parlent guère, redonnent tous ses droits à la comédie.

Costume de Dom Juan. Aquarelle de Achille Devéria.

L'œuvre : origines et prolongements

Des origines hypothétiques

Un mythe est une grande histoire chargée de répondre à une question ou à une angoisse des hommes : si l'histoire de Don Juan est devenue un mythe, c'est parce qu'elle représentait une réponse aux questions du désir et de la loi, du temps et de la mort. Par là même, le personnage échappe à une représentation précise, à un texte ou à une œuvre donnée. À l'origine du mythe de Don Juan, il y a sans doute des modèles réels. On en cite deux. Don Juan Tenorio aurait authentiquement vécu à Séville au début du XVIᵉ siècle, modèle de débauché et de transgresseur, ayant tué un commandeur – les moines du couvent où était enterrée sa victime l'y auraient attiré pour le mettre à mort, puis auraient fait incendier les lieux et fait courir le bruit de son trépas surnaturel. Plus tardif, un autre Don Juan, Don Miguel de Mañara (orthographié Maraña par la postérité romantique qui l'a préféré), après une vie de débauche, se serait converti en entrevoyant sa mort et sa damnation prochaine. Plus généralement, le folklore européen, cité par Jean Rousset, contient une grande multitude d'histoires de châtiments exemplaires par un être surnaturel : triple rencontre avec une figure de l'au-delà, invitation et contre-invitation et entraînement irréversible du héros vers sa perte. C'est un double imaginaire « baroque » qu'illustre ce mythe, celui de l'obsession de la mort, *memento mori* – que combat le héros –, et le culte de l'inconstance, changement permanent en toute chose, ici en amour, avec le goût du catalogue des conquêtes.

La première version de Tirso de Molina

Le moine espagnol Tirso de Molina, de son vrai nom Gabriel Téllez, fixe la première version écrite et théâtrale de Don

L'œuvre : origines et prolongements

Juan, *Le Trompeur de Séville et l'invité de pierre,* en 1625. C'est une comédie espagnole en vers. Tumultueuse, la pièce montre les méfaits d'un personnage indéfendable qui refuse de se repentir. Accompagné de son pleutre valet Catalinon, Juan Tenorio ne se contente pas de séduire et de promettre le mariage : il viole, il tue, il exerce toutes les violences et commet moult exactions. Il obtient les faveurs de femmes nobles en se faisant passer pour un autre, ainsi avec Isabela au début de la pièce. C'est par la ruse qu'il abuse de femmes du peuple, Tisbea la pêcheuse, Aminta la paysanne. Tout le monde réclame vengeance contre lui auprès du roi, d'autant qu'il ne se contente pas de violer des femmes – Anna est sa seconde victime noble –, il tue aussi un père, le Commandeur, Don Gonzalo de Ulloa, qui cherchait à l'empêcher de s'enfuir. C'est en défiant la Statue du Commandeur que le héros signe sa perte : il l'invite à venir dîner chez lui, puis il reçoit une contre-invitation. Il découvre alors que sa dernière heure est venue, qu'il est trop tard pour se repentir ; il est entraîné dans les flammes de l'enfer. Cette pièce, peu drôle, montre le danger de se moquer des lois divines et de remettre à plus tard la recherche de son salut. La pièce est d'inspiration profondément religieuse, avec l'expressivité « baroque » du théâtre espagnol du Siècle d'or.

L'adaptation italienne

C'EST AU TOUR DES ITALIENS de s'emparer, au milieu du XVIIᵉ siècle, de la figure de Don Juan. Vers 1650, Jacopo Cicognini écrit *L'Invité de pierre.* Il reste fidèle à l'intrigue fixée par Tirso de Molina, exactions et séductions par le héros, escorté par un valet (ici Passarino), défi lancé à la Statue du Commandeur, invitation, contre-invitation et châtiment final. Il invente un certain nombre d'éléments que Molière va retenir : les paroles sentencieuses de la Statue (l'inutilité d'avoir de la lumière quand on est envoyé « par le Ciel ») et le cri final du valet (« Mes gages ! »). Il instaure aussi un nouveau motif, le catalogue des

L'œuvre : origines et prolongements

conquêtes du héros (juste esquissé par Sganarelle dans la première scène de *Dom Juan*), mais qui est promis à un bel avenir, en particulier dans le *Don Giovanni* de Mozart. Il opère enfin une transformation comique de la pièce – lignée dans laquelle va s'inscrire Molière. Les Italiens, plus généralement, vont être friands de ce personnage de Don Juan au XVIIᵉ siècle et multiplier les variations dans la commedia dell'arte, largement improvisée autour d'un canevas comparable. On a gardé la trace de représentations diverses de cette pièce jouée par les Italiens à Paris au moment où Molière écrivait son *Dom Juan*.

Les tragi-comédies françaises

Pᴇʀsᴏɴɴᴀɢᴇ à ʟᴀ ᴍᴏᴅᴇ en Espagne et en Italie, Don Juan séduit à leur tour les auteurs français. C'est d'abord Dorimond, acteur d'une troupe en vue et auteur, qui fait jouer sa pièce à Lyon, en 1658, puis à Paris, en 1661 : *Le Festin de Pierre ou Le Fils criminel*. Don Juan devient un sujet de « tragi-comédie ». Le héros y est odieux : il frappe son père, au lieu de le maudire comme chez Molière ; il se déguise, puis achète, moyennant une bourse, les vêtements d'un pauvre. Cela permet au héros de feindre la piété pour obtenir que l'amoureux d'une de ses conquêtes jette son épée, puis de l'assassiner lâchement. Accompagné de son valet Philippin, il va de crime en crime, jusqu'à son juste châtiment final. Villiers, un autre acteur et auteur, plagie assez sensiblement cette première pièce française dans un autre *Festin de Pierre ou Le Fils criminel*. Il procède à quelques petites transformations : le valet se nomme Briguelle mais reste un valet comique, mais la trame demeure identique. Villiers appartient à la troupe la plus prestigieuse du temps, celle de l'Hôtel de Bourgogne. La pièce est publiée en 1661 : tout comme la pièce de Dorimond, c'est une tragi-comédie en cinq actes et en alexandrins, avec tout son contenu romanesque et aventureux.

L'œuvre : origines et prolongements

La comédie de Molière

ON VOIT TOUT CE QUE LE *DOM JUAN* DE MOLIÈRE doit à la tradition espagnole, italienne et même française. Mais le choix de la prose est une manière de refuser la tradition de la tragi-comédie qui s'instaure en France. Molière veut revenir à une veine strictement comique, plus proche de la version italienne. Il ne veut pas faire non plus de son Dom Juan un personnage purement crapuleux. On le voit digne lorsqu'il secourt Dom Carlos dans un combat à l'acte III, ou lorsqu'il affronte la Statue du Commandeur à la fin de la scène 5 de l'acte III. Molière est soupçonné d'une certaine sympathie pour son héros maudit : grief religieux au XVIIe siècle, qui devient un acte d'accusation politique au XXe siècle. Brecht, qui récrit Molière, l'accuse d'être fasciné par cette noblesse décadente et de « voter pour Dom Juan ».

MOLIÈRE élimine aussi le contenu romanesque de l'intrigue, il fait disparaître la filiation d'une victime de son héros et du Commandeur, en inventant l'unique grande figure féminine, Elvire – le personnage d'Anna, conquête du séducteur et fille du Commandeur dans la tradition, sera reprise par Da Ponte et Mozart. Il disjoint ainsi le passé amoureux du héros et son passé de chevalier meurtrier. Il en fait un athée puni comme tel par la Statue du Commandeur, qui n'accomplit donc pas une vengeance personnelle mais exécute un châtiment divin. Molière souligne, en effet, les intentions sacrilèges du séducteur en forgeant toute la scène du Pauvre (III, 2), vite censurée en raison de son audace, et en lui donnant le masque inattendu de l'hypocrite du dernier acte. Enfin, il force parallèlement la note comique en inventant quelques personnages bien français et pittoresques (Pierrot, M. Dimanche), et en reprenant son personnage de Sganarelle – qu'il interprétait lui-même avec force gesticulations et grimaces –, dont il montre les aberrations, les palinodies et la vantardise grotesque (ainsi dès la première tirade, inventée par Molière, sur le

L'œuvre : origines et prolongements

tabac). C'est ce que les détracteurs de l'auteur ne lui pardonne pas non plus : l'attribution du bon sens populaire et des valeurs respectables à un valet... qui fait rire.

Malgré un accueil favorable, la pièce, qui est jouée pour la première fois le 15 février 1665, ne connaît que quinze représentations, et n'est pas publiée. En 1682, elle est mise entre les mains d'éditeurs français sous le contrôle d'une censure sévère, et ne sera publiée intégralement que dans une édition étrangère, en 1683, à Amsterdam.

Entre-temps, la pièce a été récrite pour les représentations sur scène. C'est Thomas Corneille, le frère de l'auteur du *Cid*, qui l'a adaptée en 1677, de manière plus adoucie et en vers, à l'intention de la Comédie-Française, pour apaiser les « scrupuleux ». Les audaces, comme la scène du Pauvre, disparaissent. Le rôle vengeur et exemplaire du Commandeur gagne en importance et en gravité. Le rire et l'intérêt même de la pièce en sortent bien perdants, pour plus d'un siècle et demi de représentations à la Comédie-Française. Le *Dom Juan* de Molière, en France, est pour longtemps au purgatoire.

La diffusion du personnage en Europe

Le personnage de Don Juan ne reste pas une figure espagnole, italienne et française, mais se répand largement en Europe, sa terre d'élection à la fin du XVIIe siècle et au début du XVIIIe siècle.

À la fin du XVIIe siècle, l'Angleterre découvre ce héros et ses échos surnaturels dans *The Libertine* de Shadwell : Don Juan, dans la dernière scène, est attiré en enfer par le fantôme de tous ceux qu'il a assassinés. L'Espagne récrit de manière moralisante l'action du personnage : *Il n'y a dette qui ne se paie ni délai qui ne vienne à terme*, de Zamora, en 1714.

En 1736, la comédie italienne transforme à son tour le personnage de Don Juan. Il revient à Goldoni d'écrire la version

L'œuvre : origines et prolongements

italienne la plus célèbre, *Don Juan Tenorio ou Le Débauché*. Goldoni veut faire de cette pièce une comédie importante et complexe qui ne s'encombre pas des facilités du merveilleux ou du message chrétien. Il refuse aussi bien la statue de marbre que les prodiges trop commodes. Il veut solliciter chez le spectateur à la fois l'émotion, le sourire et la réflexion. Il prépare ainsi le chemin à ce qui va assurer la fortune du mythe de Don Juan, l'opéra et sa polyphonie complexe et harmonieuse. Mozart et Da Ponte vont s'inspirer de la pièce de Goldoni, mais aussi de la musique d'un autre Italien, Gazzaniga (opéra de la fin du XVIIIᵉ siècle sur un livret de Bertati).

Le tournant de l'opéra Don Giovanni

MOZART pour la musique et Da Ponte pour le livret ne se sont pas contentés de transposer une seule pièce du théâtre français à l'opéra. Ils avaient osé le faire avec une pièce récente pour eux et encore scandaleuse, *Le Mariage de Figaro* de Beaumarchais, devenu à l'opéra *Les Noces de Figaro* (créé en 1786). Un an plus tard, en 1787, Da Ponte et Mozart réalisent la transposition de *Dom Juan* à l'opéra. Le thème de Don Juan est moins récent : le personnage a déjà un siècle et demi d'existence – mais c'est sans doute le langage musical qui le consacre comme mythe.

L'OPÉRA montre d'abord toutes les variations possibles sur une même histoire. Il transforme l'action des pièces précédentes. Il se compose de deux actes qui manifestent de manière nouvelle la course du héros vers l'abîme. Don Giovanni – c'est le nom italien de Don Juan – vit des derniers moments intenses et frénétiques, en compagnie de son valet Leporello. Dans la même nuit, don Giovanni séduit Anna et tue son père, provoquant la colère implacable et le désir de vengeance de tout l'entourage. Il éconduit prestement Elvira qui entend Leporello réciter le « catalogue » des conquêtes de son maître. Il séduit ensuite une jeune femme plus légère et

L'œuvre : origines et prolongements

espiègle, Zerlina. Don Giovanni est même prêt à échanger les rôles avec son valet pour obtenir une nouvelle conquête. Les femmes – Anna, Elvira, Zerlina – se rassemblent pour se venger de leur séducteur. Mais c'est la statue du père d'Anna, le Commandeur, qui mène à bien cette vengeance. Par bravade, le héros invite cette statue à souper. Après un dernier festin, l'homme de pierre vient chercher Don Giovanni et l'entraîne en enfer – les autres protagonistes tirant ensuite la leçon de ce châtiment (voir pages 171-173). On voit tout ce qui sépare dramatiquement cette transposition et les versions théâtrales précédentes.

Da Ponte et Mozart dans sa musique donnent soudain au personnage une énergie et une sensualité qu'il n'avait pas : il aime le vin et les femmes, passionnément. Il ne peut pas plus s'en passer « que du pain qu'il mange, de l'air qu'il respire ». La loi vient châtier très nettement les transgressions d'un homme porté par son souci d'être libre dans tout ce qu'il entreprend. L'opéra immortalise aussi le mythe en faisant passer l'action dans un autre langage, celui du chant et de la musique. L'œuvre de Da Ponte et de Mozart se nomme « pièce comique », ou « drame comique », ou « opéra-bouffe ». C'est un ouvrage dramatique mis en musique, avec une alternance de récitatifs (déclamations avec accompagnement musical) et d'airs (arias, passages chantés), avec des chœurs, des danses et le dialogue avec un orchestre (ce dialogue prenant plus d'importance chez Mozart). L'action de la pièce ainsi mise en musique devient rythme, allégresse ou fureur, dans l'instant présent de la représentation, qui convient si bien à Don Giovanni. Ce sont toutes les ressources d'un art dit « lyrique ». Da Ponte et Mozart permettent d'introduire ainsi une gamme complète de modulations, d'inflexions, d'émotions musicales. Ils préparent la réhabilitation de Don Juan, la transformation du héros, non plus « grand seigneur méchant homme » mais héros de l'individualité, de la révolte, de la liberté et du désir

L'œuvre : origines et prolongements

que rien n'arrête. En un mot, ils préfigurent ce que va accomplir le XIXe siècle : la métamorphose romantique du mythe de Don Juan.

La métamorphose romantique de Don Juan

EN 1818, la transformation du mythe s'accomplit avec l'Allemand Hoffmann, qui écrit *Fantaisie à la manière de Jacques Callot*, « *Don Juan* ». Il s'agit de la représentation en rêve d'une rencontre avec l'interprète à l'opéra du rôle d'Anna, qui meurt de son amour. Don Juan devient une figure de l'idéal – et les auteurs romantiques s'y attachent positivement.

DANS *SATIRE ÉPIQUE*, en 1819-1824, le poète anglais Byron consacre un long poème à la gloire de ce héros de la sincérité dans un monde d'hypocrisie. Don Juan est associé à l'autre grand mythe moderne de la transgression, de la soif d'absolu et de connaissance, Faust, immortalisé par Goethe. L'Allemand Grabbe les associe, à Rome, dans son *Don Juan et Faust*, en 1829 : Don Juan y incarne le génie du Sud quand Faust représente celui du Nord, et leur rivalité est symbolique de l'affrontement des cultures européennes. Les auteurs romantiques français s'approprient alors cette nouvelle version du mythe qui s'appuie surtout sur la légende de Don Juan « de Mañara » et de sa conversion : Théophile Gautier dans *La Comédie de la mort* en 1838, Mérimée dans *Les Âmes du purgatoire* en 1834, Alexandre Dumas dans *Don Juan de Mañara ou La Chute d'un ange* en 1836. L'Autrichien Nicolas Lenau compose en 1844 un véritable poème d'amour en hommage à un héros lyrique et conquérant qui finit par se détruire : *Don Juan, poème dramatique*.

LA TRANSFIGURATION ROMANTIQUE DE DON JUAN passe par plusieurs transformations. Passé de la forme dramatique à la forme lyrique, Don Juan parcourt désormais tous les genres, et non plus seulement le genre théâtral. On ne le montre plus seulement, on le raconte, ce qui fait naître un intérêt nouveau ; il devient héros de roman, figure de poème. Devenu un symbole de la recherche de l'absolu, de l'exilé en quête d'idéal, Dom Juan voit sa transgression prendre un tour héroïque et positif. Il est celui qui ne se contente pas des limites humaines. Le philosophe danois Kierkegaard voit en Don Juan la figure même de l'absolu esthétique – stade que doit dépasser l'absolu religieux. Dans bien des versions romantiques, le personnage est sauvé par l'amour. La malédiction de Don Juan serait de manquer d'amour. Et la postérité retiendra cette vision paradoxale. « Don Juan lui-même n'avait sans doute jamais été AIMÉ » (Sachs). La figure du libertin devient l'image la plus intense de la passion sur terre : même les femmes plaident sa cause pour essayer, en vain, d'assurer son salut. Le héros est curieusement sanctifié. « Saint Don Juan », titrera Delteil, par provocation. Mais cette vision commence à s'épuiser au milieu du XIXᵉ siècle.

Don Juan, un héros moderne, fatigué et contradictoire

La POSTÉRITÉ ROMANTIQUE va faire de Don Juan un héros usé, au crépuscule de sa vie et de ses amours. Baudelaire le figure en dandy glacé dans « Don Juan aux Enfers » (voir p. 174) et avait élaboré le projet d'un drame ; Flaubert conçoit une ébauche de roman, *Une nuit de Don Juan*. En 1866, Barbey d'Aurevilly met en scène un héros de la mémoire désabusée dans une nouvelle intitulée *Le plus bel amour de Don Juan*. Les Russes Pouchkine et Tolstoï présentent, de leur côté, un héros à bout de souffle. Dans toutes les versions modernes, Don Juan se dégrade. Le personnage perd le goût de la collection, ne croit plus à la conquête et à la transgression. On ne compte plus les variations souvent parodiques sur le mythe de Don Juan au XXᵉ siècle : pantin en sursis chez Rostand (*La Dernière Nuit de Don Juan*, 1921), vieillard polisson qui fait la nique aux superstitions chez Montherlant (*La Mort qui fait le trottoir*, 1958), grand

L'œuvre : origines et prolongements

patron mort par accident chez Roger Vailland (*Monsieur Jean*, 1959). Réfléchissant au contenu de ce mythe, Camus avait fait de Don Juan, dans *Le Mythe de Sisyphe* (1942), la figure même de l'homme « absurde », celui qui s'efforce de donner du sens, par sa quête insatiable, à un monde qui n'en a aucun.

LES AUTEURS dénoncent avec ironie les interprétations forcées du mythe. Montherlant met en scène de manière bouffonne trois penseurs « qui ont des idées sur Don Juan » : le premier affirme que « Don Juan est plein de Dieu » et combat Dieu pour vérifier son existence, le deuxième que la recherche des femmes n'est que le masque de la recherche de la beauté et de l'idéal esthétique, le troisième que Don Juan est une figure de l'inconscient, dont le double, valet ou fils, serait la face consciente... Prétexte à toutes les interprétations, Don Juan a en effet cette plasticité qui lui permet de représenter tous les mythes : Prométhée (il affronte sans peur l'ordre divin et est puni), Narcisse (il est celui qui n'aime peut-être que son image), Œdipe (« Tu as mal tué papa et faire l'amour avec maman t'est toujours interdit », selon le résumé ironique de Jean Massin), Sisyphe (selon Camus, il remonte vainement le rocher de son désir), mais aussi Tristan (ou anti-Tristan, mort par amour infidèle), Faust (auteur d'un autre pacte diabolique)... Toutes ces surimpressions ont fini par rendre l'image du personnage trop contradictoire : tantôt image maudite, violente, odieuse, tantôt héros positif et sympathique ; tantôt image de la santé, de l'énergie sportive, sexuelle, tantôt figure du névrosé, de l'impuissant, du maniaque, de celui qui, en fait, n'aime pas les femmes ; tantôt incarnation de l'athéisme radical, tantôt mystique qui s'ignore. Le propre du mythe de Don Juan est bien son ambivalence, ce qui a fait sa force, mais ce qui a fini par brouiller sa cohérence.

Dessins de costumes de Bernhard Pankok pour *Don Giovanni*,
opéra de Da Ponte, musique de Mozart.
Opéra en deux actes crée à Prague le 4 novembre 1787.

La Dernière Nuit de Dom Juan,
estampe extraite des *Œuvres complètes d'Edmond Rostand*,
éditions Pierre Lafitte, 1910.

L'œuvre
et ses représentations

Un spectacle interrompu au XVIIᵉ siècle

Molière ne donne que quinze représentations de son *Dom Juan*, du 15 février au 20 mars 1665, avant que la pièce ne soit retirée de l'affiche. Elle est jouée au théâtre du Palais-Royal que Molière occupait en alternance avec les Italiens. Un gros travail de décoration montre le soin que l'auteur comptait apporter à la représentation de cette pièce – qu'il ne considérait pas comme « bâclée », en dépit de la légende. Les conditions de représentation de l'époque n'étaient pas celles d'aujourd'hui. Des spectateurs nobles se trouvaient sur la scène. Le parterre faisait du bruit pendant la représentation, le « brouhaha ». Il était nécessaire de fabriquer des morceaux qui forcent l'attention. La présence de nombreuses « tirades » dans *Dom Juan*, dès l'entrée en scène de Sganarelle, puis de Dom Juan, s'explique ainsi par le souci de garder l'auditoire attentif. Mais ce n'est pas le public qui fait tomber ce *Dom Juan*, dont les recettes sont honorables à l'époque ; c'est le déchaînement de la critique qui continue d'accuser Molière d'impiété. Remplacée pour la Comédie-Française par la version en vers de Thomas Corneille, la pièce de Molière n'a plus été représentée pendant près de deux siècles.

Une reprise timide au XIXᵉ siècle

L'époque romantique, en redécouvrant Molière, transforme le mythe de Don Juan. Ainsi, c'est au XIXᵉ siècle, en 1841, qu'on rejoue enfin le texte même de Molière, sur la scène de la Comédie-Française. Mais cette interprétation passe relativement inaperçue, tant le souci du XIXᵉ siècle est d'abord de récrire une version moderne du mythe. Il faut attendre le XXᵉ siècle et l'accent porté sur les questions de mise en scène pour que la pièce de Molière et son héros apparaissent enfin à la pleine lumière du théâtre.

Au xxᵉ siècle

La mise en scène de Louis Jouvet (1947)

On met enfin en lumière le *Dom Juan* de Molière après la Seconde Guerre mondiale. C'est à Louis Jouvet que revient le mérite de faire redécouvrir la pièce de Molière, au Théâtre de l'Athénée, en 1947. Jouvet peut se vanter d'avoir joué la pièce plus de fois qu'on ne l'avait fait depuis Molière : deux cent fois, alors qu'elle n'avait eu qu'une centaine de représentations depuis 1665. Cette mise en scène fait de Dom Juan un héros grave, revisité par les lectures romantiques. Selon Jouvet, le héros est « perpétuellement ailleurs, absent ; son combat est solitaire et intérieur ». Dom Juan intériorisé et sombre est incarné par un Louis Jouvet vieillissant et sévère, indifférent aux pitreries de son valet un peu sacrifié. En habit noir, avec une collerette blanche, Jouvet jouait le rôle de sa voix inimitable, grave, au débit saccadé, le buste rejeté en arrière, la tête levé, laissant son regard halluciné voler au-dessus des hommes pour ne s'arrêter que sur la Statue du Commandeur, figure de la mort et de l'au-delà. L'audace de la mise en scène ne fit pas l'unanimité : le choix du dénouement ; gêné par la machinerie, propre selon lui au xviiᵉ siècle et à l'opéra, Jouvet fit le choix d'une fausse sortie du valet, puis de son retour dans un décor grotesque et macabre. Sganarelle partait et revenait faire une visite sur le tombeau entrouvert de Dom Juan, veillé par des squelettes.

La mise en scène de Jean Vilar (1953)

En 1953, au Théâtre national populaire, Jean Vilar donne une autre orientation à la pièce et au héros, en jouant lui-même le rôle-titre. Il propose une lecture existentialiste, qui fait de Dom Juan un héros « condamné à être libre », selon l'expression de Sartre. Traqué dans la pièce de Molière, il est celui qui doit assumer la conséquence de ses actes, qui « n'est que ses actes ». On le voit indifférent aux femmes – à tout moment, il cherche à manifester l'évidence douloureuse de sa liberté. Il est celui qui ne veut rendre de comptes à personne. Et la mise en scène d'un Dom Juan solitaire et sûr de lui exprime cette indépendance, confinant à la cruauté, dans un décor vide et glacé. Jean Vilar donnait aussi parallèlement sa chance à Sganarelle, interprété par Daniel Sorano, rompu aux rôles comiques – et qui n'était pas éclipsé par le premier rôle. Inquiet, effrayé, avide, à quatre pattes à la fin, le personnage y apparaissait comme terrifié par le Ciel – à la différence de son maître – mais aussi comme très présent et humain.

L'adaptation à l'écran de Marcel Bluwal (1965)

Marcel Bluwal fait du *Dom Juan* de Molière un téléfilm en 1965. Tourné largement en extérieurs, dans des décors naturels (paysages de campagne et de mer), ce film réhabilite la liberté et le caractère ludique du héros, représenté en chemise blanche ouverte et le sourire aux lèvres, plein d'allant et d'entrain. Le rôle-titre est interprété par Michel Piccoli et celui de Sganarelle par Claude Brasseur, entièrement dans l'emploi de valet comique. L'interprétation souligne la connivence de ce duo entre maître et valet, le goût de la jeunesse, du mouvement et du plein air. Grâce à une caméra mobile et à une succession rapide de plans, ce film en noir et blanc suggère l'impression de jeu permanent et de vitesse constante, jusqu'à l'aspiration par le gouffre, scandée par la musique du *Requiem* de Mozart. Marcel Bluwal entendait montrer les dernières vingt-quatre heures d'un individu qui allait mourir, sans jugement excessivement sévère sur un homme qui apparaissait comme plutôt joueur et sympathique.

La mise en scène de Patrice Chéreau (1969)

Les mises en scène modernes doivent se situer par rapport à la lecture du dramaturge et théoricien Bertolt Brecht qui récrit le *Dom Juan* de Molière en accusant l'auteur d'être fasciné par cet aristocrate décadent qui abuse de son pouvoir. Patrice Chéreau, contestant cette lecture, voit plutôt en Dom Juan un « intellectuel progressiste », « traître à sa classe ». Sa mise en scène repose sur la vision d'un univers en déréliction : contre-jour, terrain vague suggérant la démolition, les ruines, monde de violence et d'esclavage, où les êtres sont misérables et en haillons. Dans ce monde en perdition, le héros essaie de résister à l'ordre qui anéantit les êtres ; il est finalement neutralisé moins par des puissances d'en haut que par une répression politique et sociale : ce sont les représentants brutaux et policiers d'un ordre sans pitié qui viennent finalement l'anéantir.

Les nombreuses adaptations modernes

Depuis, on ne compte plus les metteurs en scène qui ont donné un éclairage nouveau à *Dom Juan*, d'Antoine Vitez et de Daniel Mesguisch à Jean-Pierre Vincent. Cette pièce est devenue une pièce essentielle du répertoire et sa fortune théâtrale est toujours aussi importante, à la différence de sa puissance de suggestion pour les réécritures. Même le cinéma s'est emparé du personnage et de la pièce de Molière, comme le confirme l'adaptation à l'écran de Jacques Weber, en 1998 (Jacques Weber interprétant le rôle-titre, Michel Boujenah celui de Sganarelle, et Emmanuelle Béart celui d'Elvire, en extérieurs, dans de vastes espaces désertiques). C'est dire que la comédie de Molière semble avoir gardé tout le pouvoir d'un grand spectacle.

Louis Jouvet et le Commandeur dans *Dom Juan* de Molière.
Mise en scène de Louis Jouvet,
théâtre de l'Athénée, 1947.

Jean Vilar dans *Dom Juan* de Molière.
Mise en scène de Jean Vilar,
théâtre national populaire, 1953.

Dom Juan de Molière.
Mise en scène de Daniel Mesguich, 2002.

Dom Juan de Molière.
Mise en scène de Daniel Mesguich, 2002.

Dom Juan de Molière.
Téléfilm de Marcel Bluwal, 1965.
Michel Piccoli est Dom Juan ;
Claude Brasseur est Sganarelle.

Dom Juan de Molière.
Adaptation à l'écran de Jacques Weber, 1998.
avec Jacques Weber et Michel Boujenah.

L'œuvre à l'examen

À l' **écrit**

Objet d'étude :
réécritures (section L).

Corpus bac : réécritures de la fin de Dom Juan.

TEXTE 1

L'Abuseur de Séville et l'Invité de pierre (1625),
Tirso de Molina.

Traduit de l'espagnol
par M. Espinosa et C. Elsen.

Fin de la dernière scène
(sixième tableau, scène 20).

DON GONZALO

Donne-moi la main. N'aie pas peur.

DON JUAN

Moi peur ? *(Il lui tend la main.)* Ah ! Ton feu me brûle !

DON GONZALO

C'est peu de chose auprès des flammes qui t'attendent, Don Juan. Les desseins de Dieu sont impénétrables, sache-le : tes fautes, il veut que tu les expies de la main d'un mort. Telle est sa loi : chacun paiera selon ses actes.

DON JUAN

Je brûle ! Ne me retiens pas ! Je te percerai de ma dague... Hélas ! mes coups ne frappent que le vide... Je n'ai pas dupé ta fille : elle avait déjà découvert ma ruse !

DON GONZALO

Il n'importe. Tu l'avais tentée.

DON JUAN

Laisse-moi appeler un confesseur qui m'absolve de mes péchés !

L'œuvre à l'examen

DON GONZALO
Trop tard. Il n'est plus temps d'y penser.

DON JUAN
Ah ! Je brûle, je m'embrase, je suis mort !

Il tombe mort.

CATALINON
Pas moyen d'y échapper ! Je sens que je vais mourir aussi, comme mon maître !

DON GONZALO
Telle est la justice de Dieu : chacun paiera selon ses actes.

Le sépulcre s'entrouvre et engloutit Don Juan et la Statue, tandis que Catalinon se traîne vers la porte du mausolée.

CATALINON
Seigneur ! Que se passe-t-il ? Toute la chapelle s'embrase, et me voici seul pour veiller et garder mon maître mort ! Il me faut me traîner dehors, pour aller avertir son père… Saint Georges, saint Agneau de Dieu, permettez-moi d'atteindre la rue !…

Rideau.

TEXTE 2

Dom Juan (1665),
Molière. Acte V, scènes 4, 5 et 6.
Voir pages précédentes.

TEXTE 3

Don Giovanni (1787),
« pièce comique », Lorenzo Da Ponte, musique de Wolfgang Amadeus Mozart.

Traduction de Jean Massin.

Fin de l'avant-dernière scène du deuxième et dernier acte (scène 18).

L'œuvre à l'examen

LE COMMANDEUR
Donne-moi la main en gage.

GIOVANNI
La voilà ! – Hé là !...

LE COMMANDEUR
Qu'as-tu ?

GIOVANNI
Que cette main est glacée !

LE COMMANDEUR
Repens-toi, change de vie :
C'est l'instant suprême.

GIOVANNI, *cherchant en vain à se dégager.*
Non, non, je ne me repens pas,
Va-t'en loin de moi.

LE COMMANDEUR
Repens-toi, criminel !

GIOVANNI
Non, vieux bouffi de toi-même !

LE COMMANDEUR
Repens-toi !

GIOVANNI
Non.

LE COMMANDEUR ET LEPORELLO
Si !

GIOVANNI
Non.

LE COMMANDEUR
Ah, tu n'en as plus le temps !
Des flammes partout, le Commandeur disparaît et un gouffre s'ouvre.

L'œuvre à l'examen

GIOVANNI

De quelle angoisse inconnue...
Mon esprit... se sent-il... assailli ?...
D'où sortent ces tourbillons
De feu ?... Hé là ! quelle horreur !...

CHŒUR, *sous la terre.*

Tout ceci est peu pour tes crimes.
Viens, il y a un supplice pire.

GIOVANNI

Que mon âme se déchire !...
Que mes entrailles se tordent !...
Quelle torture ! hé là, quelle fureur !
Quel enfer !... c'est terrible !...

LEPORELLO

(Quel visage désespéré !...
Quels gestes de damné !...
Quels cris ! Quelles plaintes !...
Comme cela me terrifie !...)

CHŒUR

Tout ceci est peu pour tes crimes.
Viens, il y a un supplice pire.
Le feu augmente, paraissent diverses Furies, qui s'emparent de Don Giovanni et s'abîment avec lui.

(Dans la scène finale, Leporello raconte le sort de son maître aux amoureuses de Don Giovanni – Anna, Elvira, Zerlina, laquelle tire la leçon de cette fin, leçon sous forme d'une « antienne » reprise joyeusement en chœur :
« Telle est la triste fin de celui qui a fait le mal,
Et le trépas du criminel
À sa vie est toujours égal. »)

L'œuvre à l'examen

TEXTE 4

« Don Juan aux Enfers », xv,
Les Fleurs du mal (1857), Charles Baudelaire.

Quand Don Juan descendit vers l'onde souterraine
Et lorsqu'il eut donné son obole à Charron,
Un sombre mendiant, l'œil fier comme Antisthène,
D'un bras vengeur et fort saisit chaque aviron.

Montrant leurs seins pendants et leurs robes ouvertes,
Des femmes se tordaient sous le noir firmament,
Et, comme un troupeau de victimes offertes,
Derrière lui traînaient un long mugissement.

Sganarelle en riant lui réclamait ses gages,
Tandis que Don Luis avec un doigt tremblant
Montrait à tous les morts errant sur les rivages
Le fils audacieux qui railla son front blanc.

Frissonnant sous son deuil, la chaste et maigre Elvire
Près de l'époux perfide et qui fut son amant,
Semblait lui réclamer un suprême sourire
Où brillât la douceur de son premier serment.

Tout droit dans son armure, un grand homme de pierre
Se tenait à la barre et coupait le flot noir ;
Mais le calme héros, courbé sur sa rapière,
Regardait le sillage et ne daignait rien voir.

L'œuvre à l'examen

a. Question préliminaire (sur 4 points)

Quelles sont les différences de genre et de registre dans les quatre traitements de la fin de Don Juan ?

Vous vous fonderez sur des références précises aux textes précédents.

b. Travaux d'écriture au choix (sur 16 points)

Sujet 1. Commentaire.

Vous ferez le commentaire du poème de Baudelaire (texte 4).

Sujet 2. Dissertation.

Dans quelle mesure les réécritures peuvent-elles contribuer à créer un « mythe » ? Vous vous fonderez sur les quatre textes et sur d'autres réécritures que vous connaissez.

Sujet 3. Écriture d'invention.

Vous direz quel Don Juan vous préférez – celui de Tirso de Molina (texte 1), de Molière (texte 2), de Da Ponte-Mozart (texte 3) ou de Baudelaire (texte 4) – et quel Don Juan vous plaît le moins, et pourquoi. Dans le cadre d'un procès après sa mort, vous imaginerez ensuite votre intervention, comme avocat ou comme procureur : vous rédigerez en deux pages la plaidoirie en faveur du Don Juan que vous auriez envie de défendre ou bien le réquisitoire contre le Don Juan que vous auriez envie d'accuser.

L'œuvre à l'examen

À l' **oral**

Objet d'étude : le théâtre : texte et représentation (première, toute section).

Acte V, scènes 4, 5 et 6.
Sujet : quelle est la singularité spectaculaire de ce dénouement ?

RAPPEL

Une lecture analytique peut suivre les étapes suivantes :

I. *Situation du passage, puis lecture à haute voix*
II. *Projet de lecture*
III. *Composition du passage*
IV. *Analyse précise du passage*
V. *Conclusion – remarques à regrouper un jour d'oral en fonction de la question posée*

I. Situation du passage

Des avertissements ont déjà menacé le libertin Dom Juan, « grand seigneur méchant homme », sous la forme d'interventions surnaturelles : Statue lui faisant signe à la fin de l'acte III de la pièce, et l'invitant elle-même, à la fin de l'acte IV.

Les trois dernières scènes de la pièce mettent en évidence ce châtiment du Ciel – *deus ex machina* – qu'est la Statue du Commandeur tué par Dom Juan et revenant le chercher. Par là même, Molière sacrifie aussi à un goût de son époque, celui des pièces à machine – grand spectacle sonore et visuel sur scène, qu'on peut faire sentir dans la lecture des répliques très intenses et des didascalies particulièrement nombreuses ici.

L'œuvre à l'examen

II. Projet de lecture

> *Catastrophe et dénouement :*
> *l'action et son commentaire*

On peut distinguer deux moments de la fin, la fin de l'action (la fin dramatique), la fin de la pièce (la fin dramaturgique).

On distingue traditionnellement la « catastrophe », dernière péripétie de la pièce, et le « dénouement », qui est l'achèvement de la pièce – et qui comprend la leçon de la pièce. Ici catastrophe et dénouement, « fin du héros » et « fin de la représentation », sont presque simultanés, dans un crescendo de menaces :

– danger de pousser jusqu'au bout la provocation dans le numéro de l'hypocrite, commenté à la scène 4,

– avertissement d'un spectre, femme voilée, à la scène 5,

– arrivée enfin de la Statue du Commandeur entraînant Dom Juan en enfer à la scène 6.

La dernière heure du personnage est venue et les signes se multiplient avant que la disparition ne soit scellée. Chaque signe fait donc l'objet d'un commentaire sur scène, notamment par Sganarelle. Cette fin entend respecter des critères théâtraux du XVIIᵉ siècle.

> *Quels sont ces critères de réussite*
> *du dénouement ?*

Un dénouement doit satisfaire, au XVIIᵉ siècle, à trois critères explicites : il doit être rapide, complet et nécessaire.

a. La rapidité. Ici la rapidité est accélération vertigineuse. Ce dénouement, à tous les sens du mot, est foudroyant. C'est un ballet étourdissant d'entrées et de sorties, qui laisse finalement Sganarelle seul sur scène : on assiste à une entrée et à une sortie éclair (dernier avertissement de la femme voilée), puis à une entrée terrible suivie de deux disparitions fulgurantes dans les profondeurs (la Statue entraînant Dom Juan en enfer). Des signes visuels et sonores amplifiés (tonnerre, éclair, feu d'arti-

L'œuvre à l'examen

fice, abîme) soulignant ce coup de théâtre et cette accélération très spectaculaire.

b. L'exhaustivité. Le critère semble satisfait ici – ce que récapitule la dernière tirade de Sganarelle : Dom Juan a eu ce qu'il méritait et tout le monde est vengé. Le sort de chacun est réglé et le héros trouve un châtiment exemplaire. Une exception cependant : le valet lui-même, qui n'a pas reçu ce qui lui était dû (« Mes gages »). Dans la comédie traditionnelle, le règlement final du sort de chacun se lit par la présence de tous sur scène à la fin (pour que tous les comédiens puissent alors saluer le public). Or, ici, paradoxalement, il n'y a plus qu'un personnage sur scène – Sganarelle – et c'est le personnage qui n'aurait pas obtenu son dû.

c. La nécessité. Le crescendo de menaces puis leur exécution traduisent une logique implacable, celle du châtiment : la présence de plus en plus menaçante, mobile et éloquente de la statue de pierre à la fin des actes III, IV et V manifeste cette progression inéluctable de la mort. La fin de la pièce constitue elle-même une gradation d'avertissements que le héros refuse d'entendre (Sganarelle, puis la présence plus inquiétante d'une femme voilée, enfin celle de la Statue). Cette ultime intervention du surnaturel relève de l'usage des « machines », d'une technique théâtrale prisée au XVIIe siècle, mais qui semble faire surgir des éléments jusque-là inconnus comme la terre qui s'ouvre sur la scène, dans le tonnerre et les fumées. Éléments spectaculaires qui ont toujours eu un immense succès, mais qui, en même temps, relèvent d'une forme de la gratuité, goût de l'impression grandiose qu'on nomme communément « baroque ». Les interprètes du XXe siècle, comme Louis Jouvet, ont avoué avoir été gênés par ces artifices qui nous renvoient plutôt aux mises en scène d'opéras. Molière a pourtant limité la part de ce spectacle attendu, à la différence de ses devanciers.

Les trois scènes, rapides, complètes et nécessaires, sont simultanément chaotiques et arbitraires dans leur recherche de l'« effet » final . On assiste ainsi à une série de duos, de plus en plus terribles, Dom Juan et Sganarelle, Dom Juan et le Spectre, Dom Juan et la Statue.

III. Composition de ce passage

1. Première mise en garde, par Sganarelle : scène 4.
2. Deuxième mise en garde, par le Spectre : scène 5.
3. Dernière mise en garde et exécution de la sentence, par la Statue, scène 6.

IV. Analyse précise du passage

1. Première mise en garde, par Sganarelle

Exceptionnellement le valet joue un rôle peu comique ici. Il lance un avertissement répété à son maître. Il respecte les convenances, avec l'attaque déférente : « Monsieur » ; il use d'une question rhétorique – à valeur de constat exclamatif –, et joue sur l'expression « diable de style » – ce « diable de style » est le « style du diable », l'hypocrisie irrémédiable, et la présence diabolique n'est pas une clause de style. Tout en soulignant le jeu, il s'inquiète. Le valet souligne le paroxysme de la provocation et prend personnellement position en faveur du cynisme plutôt que de la fausse piété, en regrettant le passé. Cette réplique de mise en garde se clôt sur deux effets pour une fois réussis chez Sganarelle : passage d'« espérer » à « désespérer », et prédiction sur le Ciel dans un autre effet de répétition « qui a souffert », « ne pourra souffrir du tout cette dernière horreur ». L'indignation du valet ici ne fait pas rire – et paraît même plutôt éloquente, comme si Sganarelle était un premier porte-parole de l'au-delà.

Mise en garde balayée par le héros, coutumier des expressions négligentes (« Va, va... ») et de l'ironie sur le Ciel (« pas si exact que tu penses... »). L'argument de Dom Juan (« Et si toutes les fois que les hommes... ») est, pour une fois, interrompu par le valet, preuve que Dom Juan ne maîtrise plus tout à fait sa supériorité verbale sur son valet.

C'est le cri du cœur en effet de Sganarelle : « Ah, Monsieur, c'est le Ciel qui vous parle... » – et le mot « avis » a bien sa valeur d'« avertissement ».

La dernière objection de Dom Juan n'est donc plus si ferme mais hypothétique : il formule simplement une demande de clarté, par une reprise du mot « Ciel » qui souligne son importance. Le langage est passé de l'assertion à la conjecture : « Si le Ciel me donne un avis, il faut qu'il me parle un peu plus clairement... » L'ironie est là mais le doute aussi, et la demande implicite de confirmation qui va suivre.

2. Deuxième mise en garde par le Spectre

Apparition immédiate et comme sollicitée par le défi de Dom Juan, une créature tirée d'autres représentations, médiévales, le Spectre, intervient – en résonance avec la peinture allégorique du XVIIe siècle. Et la scène se fait le lieu d'un espace visuel. Le dernier avertissement est solennel, à la troisième personne – dernière chance donnée au pécheur, contre son impénitence : « Dom Juan n'a plus qu'un moment à pouvoir profiter de la miséricorde du Ciel... » C'est l'appel au repentir, à la demande d'absolution, dans une tradition chrétienne – la confession finale de ses péchés avant de mourir, pour obtenir le pardon – parole appuyée par l'intervention de Sganarelle : « Entendez-vous, Monsieur... » L'incrédulité de Dom Juan se manifeste par ses interrogations, l'impression d'une reconnaissance (« je crois connaître cette voix » – le retour du passé, l'image d'une femme voilée, figure du temps, mais qui pourrait suggérer aussi le souvenir d'une femme connue, de Done Elvire ?). Le dialogue oppose ensuite la terreur, les supplications du valet et la protestation véhémente, extrémiste du héros, par ses mots (« Non, non... »), par ses actes (l'épée). Cette épée tirée est une des constantes du mythe et montre la bravoure, mais aussi l'impuissance du héros. L'emblème viril ne lui est plus désormais d'aucun secours. On assiste au grand spectacle des métamorphoses. La figure de femme se fait figure de mort. La figuration érotique se fait funèbre. La scène montre au présent l'art baroque de toutes les transformations instantanées.

3. Dernière mise en garde et châtiment

a. Dom Juan et la Statue. Le héros ne se rend qu'au dernier appel, en homme d'honneur – c'est en homme d'honneur qu'il tirait son épée. Trois appels : le chiffre a un sens à la fois religieux et magique (triple reniement de saint Pierre, triple vœu des contes...). Pour la troisième fois, la Statue apparaît – et c'est donc la dernière fois. L'engagement du repas est respecté dans la dernière scène. Dom Juan, en gentilhomme, respecte les usages et son invité. Comme le dit avec humour Jean Massin, « une statue comme celle-là est trop bien élevée pour venir souper chez quelqu'un sans une invitation en règle ». Dom Juan accepte de donner la main, et la main donnée est le signe de cet engagement dont, par fierté, on ne se défait pas. Cette main donnée à la statue de pierre, avec l'épée tirée et brandie, est l'une des autres constantes du mythe.

Le dernier jeu de scène est suggéré par les didascalies, jusqu'à la mort du héros que le personnage formule, pour la faire ressentir au public (les « brûlures », dans la logique de la passion qui l'a brûlé). Les flammes sont conformes à l'image attendue de l'enfer. La figure du damné gémissant et de ses convulsions dans les flammes infernales appartient à une iconographie reconnaissable et à la représentation finale du châtiment du héros. Elle est la sanction implacable de son « endurcissement » au péché, de son impénitence, du refus de toutes ses dernières chances de « grâce ». Ce langage relève du message théologique obligé. Il faut se repentir avant de mourir ; Dom Juan a refusé son salut.

La représentation du châtiment passe ici par les mots, pour faire ressentir au public une agonie qu'il faut formuler comme à

L'œuvre à l'examen

l'opéra : la mort sur scène se trouve dans les mots, dans le jeu des signes de théâtre dans l'instant qui est le temps du théâtre, mais aussi de la vie de Dom Juan. On note l'interjection, l'invocation, les exclamations, le langage émotif et l'expression pathétique d'une douleur foudroyante. *Dom Juan* est l'action d'un héros pris entre des coups de foudre et le coup final de la foudre infernale.

La longue didascalie souligne l'usage nécessaire de l'espace et des machines, ouverture du sol, bruitage, éclairage très lumineux, feux de Bengale, de nature à fasciner le public du XVIIᵉ siècle.

b. Les commentaires de Sganarelle. Le mot de la fin est confié à Sganarelle. À l'image du coryphée antique, celui-ci ne laisse pas le public sous l'effet de l'émotion et veut le ramener rationnellement au bilan de l'action, au verdict final. Il s'agit de rappeler au spectateur qu'il vient bien d'assister à un spectacle. D'où l'énumération d'une série de substantifs et de participes adjectivés qui montrent l'ampleur du préjudice passé et donc la nécessité de la réparation qui vient d'avoir lieu : « Ciel offensé, lois violées… ». Le son « é » répété à la fin martèle les infractions punies de Dom Juan, pour arriver à la réparation des outrages : « Tout le monde est content » (satisfait). On remarquera que Sganarelle récapitule les infractions à toutes les lois, divines – « Ciel offensé » – et humaines – « lois violées ». Dom Juan est puni pour avoir été à la fois pécheur, profanateur et hors-la-loi, danger public. La Statue de pierre du Commandeur vient venger le double manquement à la justice des hommes et à la justice de Dieu. Le Commandeur apparaît ainsi, dans le récapitulatif de Sganarelle, comme le juste vengeur de toutes les causes, familiales, sociales, morales et religieuses. La gravité de la pierre – d'un père suprême, moins clément que Dom Louis – punit la légèreté de l'inconstance du fils indigne.

Le dernier mot de comédie (censuré à cause de son inconvenance) redonne ses droits au rire. « Mes gages ! », exclamation incongrue dans sa répétition même. Les destinataires même sont incertains : Dom Juan ? Le Ciel ? Le public ? Molière, dans la pièce, refuse de laisser le dernier mot au sacré et veut revenir à un langage de comédie. Mais la préoccupation pour une récompense matérielle escamotée apparaît comme totalement décalée par rapport à ce qui vient de se produire, la mort dans un contexte surnaturel. La censure du mot final indique qu'on ne peut mettre en parallèle, au XVIIᵉ siècle, la plus terrible des punitions (la mort et la damnation en enfer) et une petite spoliation matérielle, jugée plus importante par un valet.

V. Conclusion

1. Sur le plan théâtral, ce dénouement sacrifie à des exigences de son temps : réalisant les critères de réussite du dénouement (très rapide, complet et nécessaire), il est spectaculaire et laisse la part belle aux machines qu'aimait le public de l'époque (machine bien visuelle, par opposition au *deus ex machina* verbal et un peu long, l'exempt, au dernier acte du *Tartuffe*).

2. Et pourtant ce dénouement ne laisse pas d'étonner, pour trois raisons.

a. Une fin atypique. Une comédie se termine, en principe, par le mariage : c'est ici un curieux mariage que cette ultime rencontre avec une femme voilée, dans cette main donnée à la Statue qui entraîne la mort violente. *Dom Juan* est une comédie atypique, de cinq actes en prose, et qui ne se termine pas comme les autres comédies de Molière. Au rebours d'une justice distributive finale, gaie et légère, elle a des résonances judiciaires graves et lourdes. C'est le réprouvé qui comparaît devant la justice divine, et qui est châtié de manière grandiose. Pourtant Molière, par rapport à ses prédécesseurs, a délibérément expédié ce dénouement. Tout se passe comme s'il fallait y sacrifier. De Louis Jouvet à Patrice Chéreau (voir « L'œuvre et ses représentations »), toute une tradition théâtrale a voulu en montrer le caractère un peu obligé et ambigu : le héros n'y est pas plus ridicule qu'au début de la pièce, et laisse la dérision à son valet (il affronte en impie le sacré, alors que son valet prétendument pieux désacralise la scène…).

L'œuvre à l'examen

b. L'allégement final. Le rire veut reprendre en effet ses droits avec les derniers mots incongrus de Sganarelle. On ne peut laisser le public sur l'émotion et il faut commenter le spectacle qui vient d'avoir lieu – ultime clin d'œil au spectateur. Mais c'est une autre provocation encore que de déplorer un manque à gagner quand le surnaturel et la mort viennent de se manifester – curieux retour à des préoccupations bassement matérielles, mais qui porte une symbolique de l'œuvre (jusqu'au bout, Dom Juan est celui qui ne paie pas ses gages, qui ne veut pas honorer ses dettes, sauf ses dettes d'honneur – ici avec le Commandeur ; pour le reste, le passé n'existe plus).

c. Le refus définitif. La mise en scène spectaculaire de la mort du héros montre un méchant puni, mais qui reste fidèle à lui-même et à sa révolte. Le romantisme, après Mozart, fera de ce défi la gloire de Dom Juan, l'homme qui, jusqu'à la mort, entend dire « non », et refuse de se soumettre. Ce qui se formule en termes de « péché » au XVIIe siècle va devenir la revendication haute et individuelle d'une liberté. Le Dom Juan de Molière reste ferme, jusque dans les convulsions de sa mort – là où le héros de Tirso de Molina implorait un confesseur. L'ambiguïté du Dom Juan de Molière est posée, dans la violence de sa disparition théâtrale.

AUTRES SUJETS TYPES

Objet d'étude de seconde : « Comique et comédie »
• Quel est le comique de la scène de Dom Juan entre les deux paysannes, scène 4 de l'acte II de *Dom Juan* ?

Objet d'étude de première : « La délibération »
• Quel est l'enjeu de la scène du Pauvre, scène 2 de l'acte III de *Dom Juan* ?

Objet d'étude de première : « Un mouvement d'histoire littéraire : le baroque ».
• Quel est l'aspect baroque de la visite de la Statue à la scène 8 de l'acte IV de *Dom Juan* ?

Statue de Molière tenant d'une main sa comédie
du *Misanthrope* et de l'autre le masque comique
avec lequel il cache la statue de la sagesse.
Maquette réalisée par Jean-Joseph Espercieux (1757-1840).

Outils de lecture

Acte
Partie d'une pièce de théâtre qui correspond à une continuité dans le temps
(et se découpe en scènes).

Action
Ensemble d'événements d'une pièce, qui vont d'un début vers une fin.

Alexandrin
Vers de douze syllabes, coupé, en principe, en son milieu (césure).

Aparté
Parole secrète qu'un personnage prononce sur scène sans être entendu d'autres personnages présents.

Baroque
Mouvement d'abord artistique, pictural et architectural, qui repose sur l'expressivité (religieuse), l'irrégularité, la mobilité et la fantaisie.

Bienséance
Règle classique de conformité à ce qui ne doit pas choquer la sensibilité (ni violence ni trivialité sur scène).

Burlesque
Style qui consiste à traiter de manière décalée, souvent de façon dérisoire, un sujet noble.

Catastrophe
Dernière péripétie ou retournement de situation d'une pièce de théâtre.

Comédie
Au XVIIe siècle, toute pièce de théâtre, puis, de manière plus spécialisée, genre montrant des personnages peu dignes et parfois comiques.

Comique
Tout ce qui fait rire.

Coryphée
Chef du chœur dans les pièces antiques.

Délibération
Examen de deux possibilités opposées afin de parvenir à une décision raisonnée.

Dénouement
Dernier moment d'une pièce de théâtre, mettant en évidence une situation finale.

Dramatique
Ce qui a trait à l'action des pièces de théâtre.

Dramaturgie (dramaturgique)
Ce qui est lié à l'écriture pour la scène des pièces de théâtre.

Effet
Ce qui est préparé et doit produire une impression immédiate sur le public (émotion, rire).

Exposition
Premier moment d'une pièce de théâtre, donnant les informations sur la situation et préparant la suite de l'action.

Fantastique
Hésitation entre le caractère réel et le caractère irréel de ce qui est perçu.

Implicite
Ce qui n'est pas dit mais qu'on comprend dans un propos.

Outils de lecture

Intrigue
Ensemble des relations entre
les personnages.

Ironie
Parole qu'on entend dans un
autre sens que celui qui est
manifesté, et qui a facilement une
valeur moqueuse.

Lyrique
Expression musicale
des sentiments.

Monologue
Discours d'un personnage seul
sur scène.

Nœud
Obstacle qui se forme et qu'il
s'agit de surmonter
dans l'action de la pièce.

Pathétique
Intensité émotionnelle d'une
situation ou d'une parole.

Péripétie
Changement de l'action par un
retournement fort de situation.

Réplique
Propos bref au théâtre qui répond
à la parole d'un interlocuteur.

Scène
Moment d'un acte qui
correspond à l'entrée
ou à la sortie d'un personnage.

Sentence
Propos à valeur générale,
qu'on pourrait isoler
de son contexte.

Tirade
Propos plus long au théâtre,
qui a une unité en soi.

Tragique
Sentiment d'une nécessité plus
haute que la liberté humaine.

Unité
Principe classique de
concentration au théâtre
(de l'action, de l'espace
et du temps).

Vraisemblance
Principe de conformité
à la raison du public,
à ce qu'il peut considérer
comme acceptable.

Bibliographie filmographie

Sur le *Dom Juan* de Molière

• *Molière, une aventure théâtrale*, Jacques Guicharnaud, Gallimard, 1963.

• *Dom Juan ou Le Festin de pierre*, introduction et notes par Guy Leclerc, « Les Classiques du peuple », Éditions sociales, 1968.

• *Dom Juan* de Molière, Pascal Charvet et Emmanuel Martin, « Parcours de lecture », Bertrand-Lacoste, 1998.

Sur le mythe de Don Juan

• *Le Mythe de Don Juan*, Jean Rousset, Armand Colin, 1976.

• *Don Juan*, textes réunis et présentés par Jean Massin (Barbey d'Aurevilly, Baudelaire, Da Ponte, Hoffmann, Lenau, Mérimée, Molière, Pouchkine, Tirso de Molina), Éditions complexes, 1993.

Des mises en scène de *Dom Juan* à l'écran

• *Dom Juan*, adaptation télévisée, Marcel Bluwal, 1965.

• *Dom Juan*, adaptation cinématographique, Jacques Weber, 1998.

Crédits
Photographiques

couverture	Ph. © Victor Tonelli/Maxppp, Paris
7	Musée du Château de Versailles, Versailles – Ph. Coll. Archives Nathan
10	Ph. Olivier Ploton © Archives Larousse
11	Bibliothèque-musée de la Comédie-Française, Paris – Ph. Luc Joubert © Archives Larbor
13	Musée des Beaux-Arts, Strasbourg – Ph. J. Franz © Archives Larbor
22	Bibliothèque nationale de France, Paris – Ph. Coll. Archives Larbor
44	Bibliothèque de la Comédie Française, Paris – Ph. Jeanbor © Archives Larbor
70	Bibliothèque de la Comédie Française, Paris – Ph. © Archives Larbor
91	Bibliothèque de l'Arsenal, Paris – Ph. Coll. Archives Larbor
106	Bibliothèque de l'Arsenal, Paris – Ph. Coll. Archives Larousse
116	Bibliothèque de l'Arsenal, Paris – Ph. Olivier Ploton © Archives Larousse
131	Bibliothèque de la Comédie-Française, Paris – Ph. H. Josse © Archives Larbor
147	Bibliothèque de la Comédie Française, Paris – Ph. Jeanbor © Archives Larbor
158	Bibliothèque de l'Opéra, Paris – Ph. Michel Didier © Archives Larbor
159	Collection particulière – Ph. Coll. Archives Larbor – DR
164	Ph. © Lipnitzki/Roger-Viollet
165	Ph. © Lipnitzki/Roger-Viollet
166	Ph. © Victor Tonelli/Maxppp, Paris
167	Ph. © Victor Tonelli/Maxppp, Paris
168	Ph. © Ina – Archives Larbor
169	Ph. © CSFF/Rue des Archives
185	Collection particulière – Ph. Jeanbor © Archives Larbor

Direction de la collection : Chantal LAMBRECHTS, avec le concours de Romain LANCREY-JAVAL
Direction éditoriale : Line KAROUBI
Édition : Marie-Hélène CHRISTENSEN
Lecture-correction : service Lecture-correction Larousse
Recherche iconographique : Valérie PERRIN, Laure BACCHETTA
Direction artistique : Uli MEINDL
Couverture et maquette intérieure : Serge CORTESI
Fabrication : Marlène DELBEKEN

Photocomposition : Nord Compo à Villeneuve-d'Ascq
Impression bookmatic : Maury Eurolivres - N° d'impression : 121182
Dépôt légal : Avril 2006 - N° de projet : 11003164 - Avril 2006.
Imprimé en France